I0800333

Joos & Mathys

57 De aedibus

Joos & Mathys

Quart Verlag Luzern

Joos & Mathys
57. Band der Reihe De aedibus / Volume 57 of the series De aedibus

Herausgeber / Edited by: Heinz Wirz, Luzern
Konzept/Concept: Heinz Wirz; Joos & Mathys, Zürich
Projektleitung / Project management: Quart Verlag, Linus Wirz
Textbeiträge / Articles by: Lukas Imhof, Zürich und Alberto Dell'Antonio, Zürich
Objekttexte / Project descriptions: Joos & Mathys
Vorwort/Foreword: Heinz Wirz
Textlektorat / Text editing: Miriam Seifert-Waibel, Hamburg
Übersetzung Deutsch-Englisch / English translation: Benjamin Liebelt, Berlin
Fotos/Photos: Franz Rindlisbacher, Zürich; ausser/except: Lukas Imhof, Zürich S./p. 42, 46;
Christian Kerez, Zürich S./p. 108 (Nr./no. 1); Walter Mair, Basel S./p. 6, 54, 56–63;
Lucas Peters, Zürich S./p. 109 (Nr./no. 8), 110 (Nr./no. 11); Paola de Pietri, Reggio Emilia
S./p. 109 (Nr./no. 7); Stefan Roggo, Zürich S./p. 74, 88–90, 92, 94, 95;
Jiajia Zhang, St. Gallen S./p. 110 (Nr./no. 10); Archiv Joos & Mathys S./p. 108 (Nr./no. 2–5),
109 (Nr./no. 6, 9), 110 (Nr./no. 12), 111 (Nr./no. 14, 15)
Grafische Umsetzung / Graphic design: Quart Verlag, Linus Wirz
Lithos: Printeria, Luzern
Druck/Printing: DZA Druckerei zu Altenburg GmbH

ISBN 978-3-03761-077-0

Quart Verlag GmbH
Denkmalstrasse 2, CH-6006 Luzern
books@quart.ch, www.quart.ch

De aedibus 57 – Notat

Heinz Wirz

Im ersten der zwei geistreichen Textbeiträge in diesem Band schreibt Lukas Imhof über die Entwurfsarbeit der Zürcher Architekten Peter Joos und Christoph Mathys: «Stets entspricht die Wahl der architektonischen Mittel dem Zweck des Baus, seiner Nutzerschaft und dem Ort, für den er geplant ist. Kein Teil wird um seiner selbst willen eingesetzt, keine Form ist nur für die Architektur (oder gar die Architekten) da und kein dem Bau übergeordnetes Konzept beansprucht laut seine Wichtigkeit.»

So wirken die hier abgebildeten Bauten zurückhaltend und nicht von ungefähr begegnen wir in diesem Band einigen Abbildungen, die bestehende Bauten zeigen, an denen man Eingriffe der Architekten kaum wahrnimmt. Bei den Umbauten ist der Bestand das Mass der Dinge. Bei Neubauten ist die Haltung der Architekten im Grunde dieselbe. Das Mass der Dinge ist der Ort, das Ensemble der bestehenden Bauten in der Umgebung und die spezifische Stimmung, die sich hier ausbreitet. So prägt die Schwemmlandebene am Sarnersee wie selbstverständlich die von horizontalen Platten dominierte Badeanlage. Die Ebene «durchflutet» das Gebäude und umgekehrt verschmilzt das Gebäude aufs Äusserste mit der ebenen Landschaft. Die vertikalen Abschlüsse in dunklem Holz sind unter den Platten eingezogen. Sie wirken ruhig, feierlich, würdevoll. Es ist der angemessene Rahmen für Freizeit und Erholung. Ganz ähnlich verfahren die Architekten beim Forstwerkhof und dem Feuerwehrgebäude in Andeer. Hier sind es die traditionellen Wirtschaftsgebäude und die Konstruktionsweise der benachbarten Holzbrücke, die gleichsam die Melodie vorgeben, in der die neuen Gebäude mitklingen. Es entsteht, wie Alberto Dell'Antonio im zweiten Einleitungstext treffend beschreibt, «eine formale Resonanz, in der sich Bestand und Ergänztes gegenseitig aufwerten und verbinden.»

Im Grunde betreiben die Architekten eine hohe Kunst der Architektur, die erst auf den zweiten Blick wahrnehmbar ist. Ihre Bauten fügen sich bis zum Äussersten in die als vertraute Wirklichkeit akzeptierte Umgebung ein und erhöhen diese zu einem neuen, stimmigen Ganzen. Ihre Gebäude und Restaurierungen sind Töne, die in ein orchestrales Werk einklingen.

Luzern, im Mai 2015

De aedibus 57 – Notat

Heinz Wirz

In the first of the two astute articles in this book, Lukas Imhof writes on the design work by the Zurich architects Peter Joos and Christoph Mathys as follows: "The choice of architectural means always conforms to the purpose of the building, its users and the location for which it is planned. No part is applied for its own sake, no form is there just for the sake of the architecture (not to mention the architect) and no overriding concept noisily announces its importance."

Thus the buildings presented in this volume make a reserved impression and it is no coincidence that the book includes a number of images showing existing buildings where the architects' measures are hardly even perceptible. The defining element of their conversions are the existing structures themselves. In principle, the architects apply the same stance to new buildings. The overriding factors are the location, the ensemble of existing buildings in the surrounding environment and the specific mood there. For instance the flood-plane landscape around Lake Sarnen naturally characterises a bathing facility that is dominated by horizontal plates. The plane "floods" into the building and inversely, the building merges to the extreme with the flat landscape. The vertical conclusions in dark timber sink beneath the plates. They have a calm, prestigious and distinguished appearance, providing an appropriate setting for leisure and relaxation. The architects work in a similar way with the forestry workshop and fire brigade building in Andeer. In this case, traditional utility buildings and the construction method of the neighbouring timber bridge equally determine the tune with which the new buildings harmonise. As Alberto Dell'Antonio aptly describes in the second introductory text, there is, "a formal resonance in which the existing and added structures mutually enhance and combine with each other."

The architects basically produce highly skilful architecture that is only apparent on closer inspection. Their buildings merge to the extreme with the accepted environment that has become a familiar reality, thereby enhancing it to produce a new, coherent whole. Thus the buildings and restorations are like tones inserted into an orchestral piece.

Lucerne, May 2015

Gebaute Heimaten

Lukas Imhof

Als Miroslav Šik 1989 in seinem Text «Wie man Heimaten baut» dem Verhältnis von Architektur und Heimat nachging, verwies er nicht zufällig auf den sogenannten «Landi-Stil» der 1940er und 1950er Jahre – jene Ausprägung der modernen Architektur also, die nach der Schweizerischen Landesausstellung 1939 benannt wurde: «Heimat wurde zur heimatlichen Moderne, in der Bild und Gegenbild, neusachliche Rationalität und neobiedermeierliche Schlichtheit ineinander verschmolzen. Als moderner Landi- und Heimatstil ging diese ästhetische Erfindung in die Geschichte ein, als ein Bekenntnis zur Vielfalt der Regionen, Kulturen und Weltanschauungen.»

Die 1930er bis 1950er Jahre waren für die Architektur der Schweiz eine glückliche Zeit. Anders als in grossen Teilen Europas, die unter politischen Turbulenzen und später unter dem Krieg und seiner Zerstörung litten, wurde in der Schweiz begonnen, die Fehlentwicklungen der später «klassisch» genannten Moderne zu korrigieren. Aus dem Erfahrungsschatz des traditionellen Bauens und den Erfahrungen der Moderne wurde eine Architektur entwickelt, die versuchte, in einem umfassenderen Sinn modern – also zeitgemäss – zu sein als jene sich avantgardistisch gebärdende «internationale Moderne».

Unter der Losung «Vom Neuen Bauen zur Neuen Baukunst» (Hans Hoffmann) wurden die Erkenntnisse und Erfahrungen der radikalen Moderne der 1920er Jahre zwar nicht negiert, aber doch weiterentwickelt. Die Einfachheit des Neuen Bauens wurde geschätzt und das moderne Wohngefühl, geprägt von «Licht, Luft und Sonne», nicht verworfen – lediglich die kühle Nüchternheit und traditionslose Abstraktheit wurden korrigiert. Die längst zu Formalismen geronnene Motivik der Bauhausmoderne wurde ersetzt durch tradierte und damit allgemein verständliche Architekturelemente. Eine Reformmoderne entstand, die nicht mehr nur die technische, sondern auch wieder die kulturelle Dimension der Architektur berücksichtigte. Eine Absturzsicherung sah nun nicht mehr aus wie eine Schiffsreeling oder eine Heizleitung, sondern wieder wie ein Geländer. Es war nicht mehr ganz so üppig dekoriert wie die gusseisernen Prunkgeländer der Jahrhundertwende, sah aber auch nicht mehr aus wie ein ungeschmücktes Maschinenbauteil. Es war wieder, für jeden erkennbar, ein Geländer – als Teil eines Hauses Funktion und Schmuck gleichermassen.

Constructed *Heimat*

Lukas Imhof

In 1989, Miroslav Šik discussed the relationship between architecture and one's home in his text "Wie man Heimaten baut" ("How to build homes"*), he deliberately referred to the so-called "Landi-style" of the 1940s and 1950s – i.e. a modern expression that was named after the Swiss National Expo in 1939: "Heimat became a homely modernism, in which the image and reflection, the rationalism of the 'Neue Sachlichkeit' movement and the simplicity of 'Neobiedermeierism' merged. History has come to know this aesthetic invention as the 'Landi' or 'Heimat' style, as a commitment to the diversity of regions, cultures and world views."

Swiss architecture flourished in the period from the 1930s to the 1950s. Unlike large areas of Europe, which suffered under the political turmoil and later destruction of war, in Switzerland the mistakes of what later became known as "Classic" Modernism had begun to be corrected. Using the experience of traditional construction and Modernism, a form of architecture was developed that attempted to be modern in a universal sense – more contemporary than the avant-garde image of "International Modernism".

The slogan "Vom Neuen Bauen zur Neuen Baukunst" ("From Neues Bauen to new architecture", Hans Hoffmann) did not negate the findings and experiences of the radical Modernism of the 1920s, but developed them further. The simplicity of the Neues Bauen movement was valued, while the modern sense of living, characterised by "light, air and sun", was also taken on board. Only its cool sobriety and untraditional abstraction was corrected. The motifs of Bauhaus Modernism, which had long stagnated into formalism, were replaced by traditional and therefore generally comprehensible architectural elements. A Reform Modernism emerged that no longer only took technical dimensions into account, but also included cultural aspects of architecture. Balustrades again resembled banisters, rather than a ship's railing or a heating duct. They were no longer as opulently decorated as the prestigious cast iron banisters of the turn of the century, nor did they resemble an undecorated machine part. Everyone could recognise them as banisters again – parts of a house with both a function and ornamental properties.

* The German word "Heimat" has no English equivalent and means more than "home" or "homeland", reflecting a human bond with a social and spatial location.

Die Architektur von Peter Joos und Christoph Mathys ist kein formaler Neo-Landistil. Ihre Bauten sind unverkennbar von heute und kopieren keine Stilelemente, weder des Landistils noch einer anderen Zeit. In Denk- und Arbeitsweise ist die Verwandtschaft zum Landistil aber gegeben und hilfreich zum Verständnis dessen, womit sich Joos und Mathys mit grosser Hingabe und stupendem Können seit mehr als 20 Jahren beschäftigen. 1951 attestierte der Architekt und Lehrer Hans Volkhart der schweizerischen Architektur jener Zeit «Nüchternheit, gepaart mit Sparsamkeit, Abneigung gegen Überschwang und Grossmannssucht, Eigensinn bis zur störrischen Bewahrung des Hergebrachten, Vorliebe für Gediegenheit und Genauigkeit»[1] – und beschreibt damit recht genau auch die wichtigsten Eckpunkte, welche die Arbeiten von Peter Joos und Christoph Mathys ausmachen.

Zurückhaltung und die Wahl verhältnismässiger Mittel

Was Volkhart mit «Nüchternheit, Sparsamkeit und Abneigung gegen Überschwang und Grossmannssucht» umschreibt, würde im heutigen Sprachgebrauch des schweizerischen Architekturdiskurses mit dem Wort «Angemessenheit» umschrieben – ein Wort, das in der Jurisprudenz das *Prinzip der Verhältnismässigkeit* illustriert und nur in der Schweiz – wohl nicht ganz zufällig – von der Sprache der Juristen in jene der Architekten eingesickert ist. Der Gebrauch von «angemessen» ist zurzeit etwas inflationär; und bei Bedarf wird auch ein ärmlich und karger Ausdruck als «angemessen» bezeichnet.

Es ist nicht diese Art von Angemessenheit, welche die Arbeiten von Joos & Mathys prägt. Nie wirkt ihre Architektur ärmlich, niemals schäbig. Auch das Nobilitierte und Wertvolle wird, so es der Aufgabe entspricht, als angemessen betrachtet. Stets entspricht die Wahl der architektonischen Mittel dem Zweck des Baus, seiner Nutzerschaft und dem Ort, für den er geplant ist. Kein Teil wird um seiner selbst willen eingesetzt, keine Form ist nur für die Architektur (oder gar die Architekten) da und kein dem Bau übergeordnetes Konzept beansprucht laut seine Wichtigkeit. Grossmannssucht, also (nach Duden) «übersteigerter Geltungsdrang», wie sie sich in den wiedererkennbaren Formen und Motiven der Stararchitekten äussert, findet sich im Werk von Joos & Mathys nicht. Jede wiedererkennbare Autorenhandschrift, wie sie sich in der Schweizer Architektur in letzter Zeit erneut breitmacht, wird vermieden – zugunsten einer Architektur, die eher aus den ortspezifischen Konventionen, den konstruktiven Bedingungen der gewählten Materialien und dem Bestreben nach Alltagstauglichkeit entwickelt wird, denn aus Konzepten oder ausserarchitektonischen Bildern.

The architecture of Peter Joos and Christoph Mathys is not formally a "Landi" style. Their buildings are unmistakably of our time and imitate no other stylistic elements, neither from the "Landi" movement nor any another period. However their way of thinking and working is related to the "Landi" style and this helps us understand what Joos and Mathys have worked on with great commitment for over 20 years. In 1951, the architect and teacher Hans Volkhart stated that Swiss architecture of the time was, "sobriety, combined with economy, an aversion to exuberance and egomania, obstinacy to the point of stubborn preservation of tradition, preference for dignity and precision"[1] – thereby also rather precisely describing the key facts that distinguish the work of Peter Joos and Christoph Mathys.

Reserve and the choice of appropriate means

What Volkhart describes with the words "sobriety, economy and aversion to exuberance and egomania" would be described in the vocabulary of today's Swiss architectural discourse as "appropriateness" – a word that illustrates proportionality in legal jurisprudence and has – not entirely by coincidence – only in Switzerland leaked from the language of lawyers into architectural vocabulary. Use of the word "appropriate" has become somewhat inflationary; if necessary, even a poor, barren expression is described as "appropriate".

That is not the kind of appropriateness that characterises the works of Joos & Mathys. Their architecture never appears to be poor or shabby. The refined and valuable is also regarded as appropriate if it accords with the task. The choice of architectural means always conforms to the purpose of the building, its users and the location for which it is planned. No part is applied for its own sake, no form is there just for the sake of the architecture (not to mention the architect) and no overriding concept noisily announces its importance. Egomania, defined in dictionaries as an excess desire for self-affirmation, as seen in the repeated forms and motifs by star architects, is not present in the work of Joos & Mathys. There is a complete absence of a recognisable author's hallmark, although this has become a growing trend among Swiss architects in recent times. Instead the architecture is developed out of locally specific conventions, the constructive conditions of the chosen materials and a striving for everyday suitability – and not out of concepts or extra-architectural images.

[1] Hans Volkhart, zitiert nach: Angelus Eisinger: «Der Mann der Synthese – Anmerkungen zum Architektenberuf und seinem Verhältnis zur Gesellschaft», tec21 Nr. 13, S. 7–10.

[1] Hans Volkhart, quoted in: Angelus Eisinger "Der Mann der Synthese – Anmerkungen zum Architektenberuf und seinem Verhältnis zur Gesellschaft", tec21 no. 13, March 30, 2001, p. 7–10.

Nähert man sich, der historischen Via Spluga von Thusis folgend, der Gemeinde Andeer, überquert man den Hinterrhein auf einer gedeckten Holzbrücke von 1856 – ein einfacher Zweckbau, verkleidet mit einer Deckleistenschalung aus lokalem Tannenholz und eingedeckt mit Blech. So betritt man das Dorfgebiet und findet rechterhand die beiden Bauten des Forst- und Werkhof der Gemeinde Andeer (vgl. S. 30). Ihr Ausdruck ähnelt stark der historischen Holzbrücke. Auch sie sind blechgedeckte Zweckbauten mit einer Schalung aus Tannenholz, sogar die horizontale Gliederung der Verkleidung und die mit Holzlamellen versehenen Lichtöffnungen der Brücke finden sich hier wieder. Dennoch sind dies keine historisierenden oder gar postmodernen Zitate, sondern die nach wie vor angemessenen, sparsamen und zurückhaltenden Mittel, mit denen in einer Berggemeinde ein Werkhof gebaut werden kann. (Das verbaute Holz stammt sogar aus dem gemeindeeigenen Forstbetrieb.) Innerhalb dieser selbstauferlegten Zurückhaltung entwickeln die Architekten jedoch eine sorgfältige, skulpturale Gestaltung der Baukörper, die sich erst auf den zweiten Blick zeigt, die Bauten aber von einer anspruchslosen Zweckarchitektur unterscheidet. Mit grosser Selbstverständlichkeit gelingt schliesslich auch die Integration moderner Bautechniken, wie etwa bei der Schichtholzkonstruktion der Einstellhalle mit ihrer beeindruckenden Spannweite. So gehen regionale Konstruktionsweisen, architektonischer Ausdruck und Bezug zur örtlichen Baugeschichte unverkrampft ineinander auf.

In dieser Art ziehen sich «Nüchternheit, Sparsamkeit und eine Abneigung gegen Überschwang und Grossmannssucht» durch das Werk der Architekten, ausgedrückt in einer zurückhaltenden Feinheit der Gestaltung und dem völligen Verzicht auf eine überinszenierte Architektur, die immer das Spektakel sucht und doch nur Beliebigkeit findet.

Gediegenheit und Genauigkeit

Bereits einige Meter weiter in Richtung des Dorfkerns von Andeer findet sich das nächste Ensemble, das von Joos & Mathys gestaltet wurde – die Erweiterung der Schulanlage von Andeer, bestehend aus einem Schulhausneubau, einer Turn- und einer Pausenhalle, die Alt- und Neubauten verbindet (vgl. S. 42).

Nichts deutet auf den ersten Blick darauf hin, dass diese Anlage von denselben Architekten geplant wurde wie der Forst- und Werkhof. Im Wissen darum, dass es eine alpine Bautradition jenseits der Holzarchitektur gibt und dass für öffentliche Bauten in der Region seit jeher eine steinerne Bauweise üblich ist, entwickelten Joos & Mathys eine Architektursprache, die sich von jener der hölzernen Zweckbauten des Forst- und Werkhofes deutlich unterscheidet: eine solide wirkende Massivbauweise, die mit ihrem Kratzputz, den weissen Einrahmungen der Putzfelder, den

When one approaches the community of Andeer, following the historical Via Spluga from Thusis, one crosses the River Hinterrhein across a covered wooden bridge built in 1856. It is a simple, functional structure, clad in boards made of local fir wood and roofed with sheet metal. Then one enters the village and sees the Andeer community's two forestry and workshop buildings on the right hand side (see p. 30). Their expression has a strong resemblance to the historical wooden bridge. They too are sheet-metal covered, functional buildings with fir cladding. Even the horizontal structure of the panels and the lateral wooden-slatted apertures to let daylight enter are present. Nevertheless, instead of using historicised or even postmodern quotes, they remain appropriate, economic and reserved means with which to build a workshop in an Alpine community. (The timber used for the construction even stems from the community's own forestry business.) Within this self-imposed reservation, the architects develop a careful, sculptural design for the building volumes that only reveals itself on closer inspection, but which distinguishes the buildings from an undiscerning form of functional architecture. Modern construction techniques are also integrated in a very natural way, such as the laminated timber construction of the garage with its impressive span. In this way, regional construction methods, architectural expression and a reference to local construction history enter into a harmonious mutual relationship.

That is how "sobriety, economy and an aversion to exuberance and egomania" pervade the work of the architects, expressed in a reserved design sophistication and the complete absence of any over-dramatized architecture that seeks a spectacle and yet only finds arbitrariness.

Solidity and precision

No more than a few metres further towards the village centre of Andeer, one finds the next ensemble designed by Joos & Mathys – the extension to the Andeer school, consisting of a new school building, a sports hall and a break hall connecting the existing building to the new sections (see p. 42).

At first glance, nothing indicates that this facility was designed by the same architects who conceived the forestry and workshop. In the knowledge that there is an Alpine building tradition aside from wooden architecture and that public buildings in the region have been commonly built in stone, Joos & Mathys developed an architectural language that clearly contrasts with the wooden functional forestry and workshop buildings: a massive construction with a solid appearance. Its scraped rendering,

grossformatigen Holzfenstern und dem flachen Satteldach traditionelle lokale Motive mit den jüngeren Traditionen des Schulhausbaus mischt. Bei aller Zurückhaltung der Architektursprache strahlt der Bau dennoch eine moderne Gediegenheit und eine ruhige Eleganz aus. Ein Eindruck, der sich verstärkt, wenn man das Gebäude betritt und in der kleinen Eingangshalle steht: Der mit einheimischem Granit hergestellte Terrazzoboden des Korridors, der mit einem Fries aus Eiche gefasst ist, die ebenfalls mit Eiche gefassten und künstlerisch gestalteten inneren Fenster zu den Klassenzimmern oder das leicht geschwungene und in den Ecken ausgerundete, weiss glänzend schimmernde Treppengeländer mit seiner Eicheneinfassung – alles vermittelt den Eindruck aufwendiger und zuweilen üppiger Gediegenheit.

Als der frisch fertiggestellte Bau einem interessierten Fachpublikum geöffnet wurde, war denn auch verschiedentlich zu hören: «Hätte ich doch auch einmal so viel Geld für ein Gebäude.» Und eine leichte Ungläubigkeit war auszumachen, wenn erklärt wurde, dass das Budget des Baus nicht höher war als bei anderen neueren Schulbauten in der Region. Es sagt viel über die Arbeitsweise von Joos & Mathys aus, wenn man der Frage nachgeht, mit welchen Mitteln dies gelingen konnte.

Zunächst ist die Einfachheit der räumlich-volumetrischen Grundkonzeption des Gebäudes zu nennen. Auf beiden Geschossen sind die Klassenzimmer lapidar entlang eines Korridors aufgereiht. Für räumliche Effekte wurde kein Bauvolumen und wurden damit auch keine Mittel beansprucht. Stattdessen haben die Architekten beim Eingangsbereich lediglich ein Stück des Bodens des oberen Korridors weggelassen, sodass eine kleine Eingangshalle entstehen konnte, in die auch die Treppe eingefügt ist. Mit dieser so minimalen wie präzisen Massnahme ergab sich eine räumliche Grosszügigkeit, ohne dass statische oder räumliche Konzepte dafür Geldmittel beansprucht hätten, die dann anderswo hätten eingespart werden müssten. Zudem ist das Gebäude in einer recht konventionellen Bauweise ausgeführt, die aber mit aufwendiger Sorgfalt in der Planung, mit behutsamen Innovationen im Detail und der Verwendung hochwertiger und solider Materialien nobilitiert wurde. So tritt etwa anstelle einer modernistischen flächigen Bündigkeit das Prinzip von rahmenden Friesen und aufgesetzten Deckleisten. Modernistische Reduziertheit im Detail, mit grossem Aufwand erreicht und meist doch nur unpräzise wirkend, wird durch profilierte Einfassungen und gerundete Rahmungen ersetzt. So sind etwa die Linoleumböden mit einem Fries aus Eichenbrettern gefasst, die weissen WC-Trennwände wurden mit gerundeten Ecken und einem Anleimer aus Eiche aufgewertet und der Übergang von Gipswand zu Decke mit einer massiven Eichenleiste bewerkstelligt. All diese Details sind nicht sonderlich teuer, da sie eine konventionelle Ausführung ermöglichen – aber

plaster areas framed in white, large-scale wooden windows and a flat saddle roof all mix traditional local motifs with more recent traditions of school building. Despite the reserved architectural language, the school radiates modern solidity and a calm elegance. The expression is heightened on entering the building and stands in the small entrance hall: The terrazzo flooring in the corridor, made with local granite and cased in an oak frieze, the likewise oak-framed and artistically designed interior windows for the classrooms, and the gently curved, shimmering white banisters with rounded corners, also including oak skirting, all express elaborate, at times even opulent solidity.

When the newly completed building was presented to an interested expert audience, one could hear comments such as: "If only I had that much money for a building." There was slight disbelief that the budget for the project was no higher than for other new school buildings in the region. That says a great deal about the working methods of Joos & Mathys in their investigation of the means with which to achieve their tasks.

Firstly, the simplicity of the basic spatial and volumetric concept should be noted. On both levels, the classrooms are organised succinctly along a corridor. No building volume has been sacrificed for spatial effects – and therefore no expense was invested for that purpose. Instead, the architects simply left out a section of the flooring of the upper corridor at the entrance area to create a small hall, into which the stairs are inserted. This minimal, extremely precise measure created a spaciousness without requiring costly load-bearing or spatial concepts, which would have meant cutting costs elsewhere. The building has also been constructed in a relatively conventional way and then enhanced through meticulous care in planning, gentle innovation in detailed work and the use of high quality, solid materials. For instance instead of modernist, extensive, jointless areas, the principle of framing friezes and suspended ceiling strips is applied. Reduced details in a Modernist fashion, achieved with great effort and often only making an imprecise impression, is replaced by profiled casing and rounded frames. For example the linoleum flooring is framed by a frieze of oak boards, while the white WC partition walls are enhanced with rounded corners and an oak application. Similarly, a solid oak strip was attached to the plaster wall at the ceiling. All these details are not especially expensive since they allow conventional implementation – but they create a wealth in the design and a sensitivity with a solid character that one usually only experiences in much more expensive or historical buildings. Moreover that sensitivity is directly tangible and familiar to non-experts. Their appreciation requires no prior architectural training.

sie erzeugen einen gestalterischen Reichtum und eine gediegen wirkende Sinnlichkeit, die man üblicherweise nur von weit teureren oder historischen Bauten kennt. Eine Sinnlichkeit wohlgemerkt, die auch für Laien unmittelbar verständlich und vertraut ist und deren Wahrnehmung keiner architektonischer Vorbildung bedarf.

Bewahrung des Althergebrachten

Dieser Bezug zur Erscheinung historischer Bauten ist nicht nur Resultat einer Arbeitsweise, sondern Programm. Durch einen bewusst gesuchten Bezug zur baukünstlerischen Tradition wird eine Architektur geschaffen, die nicht nur von physischer, sondern auch von gestalterischer Dauerhaftigkeit ist. Bekannte Motive, Materialien und Typologien erzeugen automatisch eine Vertrautheit, die auch von Laien verstanden wird. Neuerungen, seien sie konstruktiver oder gestalterischer Art, tauchen in den Arbeiten von Joos & Mathys zwar auf, aber nur dann, wenn das gewünschte Resultat nicht mit konventionellen Mitteln erreicht werden kann. Einer bewährten Lösung wird immer der Vorzug gegeben – Modernität ist nie Selbstzweck und ein zeitgemässer Ausdruck wird nicht um den Preis zweifelhafter Neuerungen gesucht.

Dieser bewusst hergestellte Bezug zur Tradition der Architektur geht einher mit einem umfassenden Wissen um baukünstlerische Konventionen: Material- und ortstypische Bauweisen sind den beiden Architekten bis ins Detail bekannt, werden gekonnt beherrscht und bewusst eingesetzt. Bei Bedarf werden althergebrachte Handwerkstechniken auch sanft an neue Gegebenheiten, Produktionsweisen und Materialien angepasst. Dieser direkte Umgang mit Handwerk und Material ermöglicht wie nebenbei eine langsame, abgesicherte Weiterentwicklung des Bauens, ohne dass sich die technische Innovation jemals aufdringlich in die Gestaltung der Architektur einmischt. Als Beispiel für diese Vorgehensweise mögen die Beschriftungen der Büros im Rathaus in Sarnen (vgl. S. 54) erwähnt werden: Diese sind in der Art von Intarsien in die holzfurnierten Wandverkleidungen eingelassen. Eine althergebrachte Technik, die aber mit einer modernen Produktionsweise erzeugt wird: Die Schriftzüge werden nicht durch Sägen und Feilen, sondern mittels Laser aus dem Furnier geschnitten. So stellt sich die moderne Produktionsweise in den Dienst der Gestaltung, ohne dass sie als Technik gesondert inszeniert wird.

Ein anderer Zugang zur architektonischen Tradition, der das Werk von Joos & Mathys prägt, ist weniger konkret fassbar und schwieriger zu beschreiben. Gemeint ist eine entwerferische Vorgehensweise, die auf gebauten Referenzen und erlebten Räumen beruht. Erinnerungen an Stimmungen werden als Bild dem architektonischen Entwurf zugrunde gelegt. Diese

Upholding the traditional

This reference to the appearance of historical buildings is not only the result of a working method – it is a programme. A deliberately sought reference to architectural tradition creates architecture that is durable not only in a physical, but also in a design sense. Well-known motifs, materials and typologies automatically produce familiarity that is also understood by non-experts. Innovation, be it in terms of structure or design, does exist in works by Joos & Mathys, but only when the desired result cannot be achieved through conventional means. Tried and trusted solutions are always preferred. Modernism is never an end in itself and a contemporary expression is not bought at the expense of dubious innovation.

That deliberately achieved reference to the tradition of architecture goes hand in hand with a comprehensive knowledge of architectural conventions: The architects have a detailed awareness of building methods that are typical in terms of the material and location and these are applied skilfully and consciously. If required, traditional craftsmanship is delicately adapted to new situations, production methods and materials. That direct treatment of craftsmanship and materials almost incidentally allows the slow, secure further development of building, without ever allowing technical innovation to obtrusively interfere with the architectural design. One example of that approach can be seen in the lettering for the offices in Sarnen Town Hall (cf. p. 54): They are inlayed into the wooden veneers of the wall panelling. It is a traditional technique that is achieved through a modern production method: The lettering is cut into the veneer by laser, rather than using saws and files. In this way, modern production methods are the servants of design, without staging the technology in any special way.

Another approach to architectural tradition that is characterised by the work of Joos & Mathys is easily tangible and more difficult to describe. It applies to a design approach that is based on built references and experienced spaces. Memories of moods are used as images on which to base the architectural design. These remembered image worlds are much richer than any intellectual intention contained in a concept. They comprise the sum of all sensorial impressions an architectural situation can induce: primarily of course space, materials, colours and light, but also experiences such as movement, smells and sounds.

erinnerten Bildwelten sind viel reicher als jede in ein Konzept zu fassende intellektuelle Absicht. Sie umfassen die Gesamtheit aller sinnlichen Eindrücke, die eine architektonische Situation auszulösen vermag: in erster Linie natürlich Raum, Materialien, Farben und Licht, aber auch Erfahrungen wie Bewegungen, Gerüche und Geräusche.

Naturgemäss sind dies keine präzise zu fassenden Einflüsse und die Bilder, die einer gesuchten Stimmung zugrunde gelegt werden, sind nur mit grosser Geduld, Wissen und Übung wiederum in Architektur zu übersetzen. Verschiedene Bilder überlagern sich dabei und verschmelzen zu einem neuen Bild, dass schliesslich mit den praktischen Erfordernissen einer Bauaufgabe, mit den Einflüssen von Konstruktion und Ort abgeglichen und vermählt werden muss. Freilich ist es unmöglich, einen so vielschichtigen Zugang zur Architektur in ein klar fassbares Konzept zu pressen, und so sind es vielmehr traditionelle Motive und althergebrachte Typologien, welche diese Entwurfsweise prägen.

Exemplarisch beobachtet werden kann diese Vorgehensweise beim Lido in Sarnen (vgl. S. 64). Hier findet sich kein simples architektonisches Konzept als Selbstzweck, sondern hier haben Motive, Formen und Materialien eine direkte Wirkung auf den Nutzer. So führen etwa die im Restaurant verarbeiteten und verschmolzenen Erinnerungen an konkrete und erlebte Referenzen zur Formenwelt der gerundeten Bar mit der daraus erwachsenden Pilzstütze und zum vielfarbigen Boden aus übergrossen Steinscherben – diese vage bekannten Motive sind kaum zu begründen, erzeugen aber eine sinnliches Erlebnis von grosser Suggestivkraft. Erinnerungen an Räume in südlichen Ländern und solche an Badeanstalten der Moderne werden wach. Und die Erinnerungen vermischen sich mit der direkten sinnlichen Wahrnehmung der architektonischen Elemente: jene der weichen Form der Stütze und der Decke, die wie ein Tuch über den Raum gespannt ist, und jene der ungewohnt grossen, scharfkantig gebrochenen bunten Steinplatten des Fussbodens. Eine vielfältige Raumwahrnehmung entsteht, die selbst wieder Erinnerung zu werden vermag.

Freilich zeichnet sich das Lido in Sarnen aber nicht nur durch solch ungewöhnliche und zuweilen eigensinnige Motive aus. Vielmehr ist es zudem ein durchaus modern erscheinender, stringent gestalteter und konstruierter Baukörper, der mit seiner Volumetrie dem Gebiet des Sarner Lago ein städtebauliches Rückgrat verleiht und eine Vielzahl an Funktionen souverän bewältigt. Einige dieser Funktionen sind durchaus überraschend und unkonventionell gelöst – etwa die Entscheidung, das Schwimmbecken nicht zu vergraben, sondern in das erste Geschoss zu verlegen. Dies hat einerseits den baulichen Vorteil, dass ein aufwendiger Aushub erspart bleibt, andererseits wird das Becken so vor Überschwemmungen geschützt. Gleichzeitig wird auf diese Weise

Naturally these are not influences that can be precisely grasped. The images on which a desired atmosphere is based can only be translated into architecture with a great deal of patience, knowledge and experience. The different images overlap and merge to form a new image, which must ultimately be adjusted to and combined with the practical requirements of a building task, and influenced by the construction and location. Naturally it is impossible to constrict such a diverse approach to architecture in a clearly grasped concept. Thus instead, traditional motifs and typologies characterise the method.

We can see one example of this approach in the Lido in Sarnen (cf. p. 64). There is no architectural concept as an end in itself. Instead, motifs, forms and materials have a direct effect on the user. For instance in the restaurant, the memories of concrete, experienced references to the formal world of the curved bar with mushroom stools, as well as of multicoloured flooring made of oversized shards of stone, are vaguely familiar motifs that can hardly be rationally explained, yet create a sensory experience of great suggestive power. Memories are recalled of rooms in southern countries and Modernist bathing facilities. These memories mingle with the direct sensory experience of the architectural elements: the soft form of the column and ceiling, which is spread over the room like a cloth, and the unusually large, sharp-edged broken, colourful stone slabs on the floor. They create a multifaceted spatial experience that is itself able to become a memory.

Of course the Lido in Sarnen does not merely consist of such unusual and at times obstinate motifs. It is far more a building with a clearly modern appearance and a stringent design and structure. Its volumetrics give the Lake Sarnen region an urban planning backbone and confidently incorporates a wide range of functions. Some of those have been solved in a surprising way – such as the decision not to sink the swimming pool, but to place it on the first floor. That has the structural advantage of doing without the work-intensive excavation, while also protecting the pool from flood damage. At the same time, it provides swimmers in the pool with a view of the lake and the surrounding Alpine world. The functional building is repeatedly charged with motifs that are vaguely familiar and directly targeted at inspiring emotions, for instance the sculptural, winding stairs connecting the pool on the upper level, with its wave-shaped banisters, or the playful light in the changing rooms produced by the staggered wooden slats of the exterior cladding.

während des Schwimmens der Ausblick auf den See und die umgebende Bergwelt inszeniert. Immer wieder wird der funktionale Bau aber mit Motiven aufgeladen, die vage bekannt sind und direkt auf die Erzeugung von Emotionen abzielen – etwa mit der skulptural geschwungenen Treppe, die das Schwimmbecken im oberen Geschoss erschliesst, mit den wellenförmigen Geländern oder dem Lichtspiel, das in den Garderoben durch die versetzt angeordneten Holzlatten der äusseren Verkleidung erzeugt wird.

Eigensinn

Mit einigen dieser Beispiele – der geschwungenen Treppe oder der Akustikdecke in der Bar, die wie ein Tuch in den Raum hängt – ist schon eine letzte Zutat angedeutet, ohne die die Arbeiten von Peter Joos und Christoph Mathys nicht zu erklären sind: jener ungewöhnliche Eigensinn, mit dem die zurückhaltende, angemessene, gediegene und präzise Grundanlage ihrer Architektur wohltuend ergänzt und beseelt wird. Es ist freilich jene Art von Eigensinn, die sich eher in einer entspannten Verspieltheit denn in aufdringlicher Exzentrik äussert.

Neben dem grundsätzlichen Eigensinn, den es braucht, um im Umfeld einer Bautätigkeit, die stets das Neue und den schnellen Effekt sucht, selbstbewusst auf den Wert von unspektakulären Traditionen und unscheinbaren Konventionen zu beharren, finden sich bei den in diesem Band dokumentierten Bauten auch immer wieder konkrete kleine Eigensinnigkeiten. Es handelt sich dabei meist um Motive von grosser Poesie, die von traditionellen Themen ausgehen, aber ungewöhnlich adaptiert werden und zuweilen fast gegen die guten Sitten der aktuellen schweizerischen Architektur verstossen. Erwähnt sei etwa das immer wieder auftauchende ellipsoide Fenster, architekturgeschichtlich auch «oculus» genannt. In verschiedenen Formaten taucht es immer wieder auf – im Kleinen zum Beispiel in den WC-Türen des Schulhauses am Wettingertobel, raumhoch als Oberlicht in den raumhaltigen Stützen des Kirchgemeindesaals im zürcherischen Rüti und vor allem im Schwimmbad in Sarnen. Dort wird es, allen Konventionen zum Trotz, liegend angewandt und so ins Schwimmbecken eingebaut, dass es von ausserhalb des Gebäudes einen äusserst ungewöhnlichen Blick auf die Schwimmenden im oberen Becken erlaubt; eine Petitesse der Architektur, doch längst schon Teil der Erinnerungswelt der Sarner Teenager, die zu diesen Gucklöchern tauchen und unter Wasser ihren winkenden Freunden und Freundinnen Grimassen schneiden.

Ein ähnlich traditionelles und gleichzeitig eigensinniges Motiv findet sich an den Eingangstüren des Schulhauses in Andeer. Dort wollten die Architekten als Geschenk an die Bauherrschaft künstlerisch gestaltete Türgriffe in der Form des in der Region allgegenwärtigen Murmeltiers anbringen lassen. Ein

Obstinacy

Some of these examples – the winding stairs or the acoustic ceiling in the bar that is suspended like a cloth in the room – suggest the final ingredient without which the work of Peter Joos and Christoph Mathys cannot be explained: that unusual obstinacy with which the reserved, appropriate and precise foundations of their architecture is complemented and inspired. It is the kind of wilfulness that is expressed in a relaxed playfulness, rather than obtrusive eccentricity.

Besides the underlying obstinacy required to confidently stand by the values of unspectacular traditions and apparently modest conventions in a building environment that constantly seeks innovation and short-term effects, this volume documents buildings that repeatedly reveal concrete examples of obstinacy in detail. These are mostly motifs of great poetry that are derived from traditional themes and yet adapted in an unusual way, at times even against the accepted taste of contemporary Swiss architecture. Examples include the repeated ellipsoid windows, which are also known as "occuli" in architectural history. They reappear in various formats – on a small scale for the WC doors in the school in Wettingertobel, or room-high versions as skylights in the voluminous columns of the church hall in Rüti in the Canton of Zurich, and above all in the Sarnen swimming pool. There they defy all conventions and are inserted in the pool to provide an extremely unusual view of the swimmers on the upper level from outside the building; it is an architectural *petitesse*, yet has long become part of the Sarnen teenagers' world of memories, as they dive down to the portholes and make underwater faces to their waving friends.

A similarly traditional and also strong-minded motif can be seen at the entrance to the school in Andeer. The architects wanted to present a gift to the client in the form of artistically designed door handles shaped as marmots, which are so prevalent in the region. It is not as unusual a gesture as one might think from today's perspective, if one calls to mind the brass horse heads that adorned the door handles of the Ljubljana National Library by Jože Plečnik for instance, or historical door knockers in the shape of lions' heads. But none of the contacted artists were willing or able to design a door handle in the shape of a marmot. Their reluctance to make art subservient to function was too great. Only after a long and persistent search did the architects manage to find the art student Patrick Roth, who was willing to model a door handle in the shape of a marmot. Produced as moulded brass, the two elongated animals now decorate each door of the Andeer school entrance. Like mirrored twins, they are eye-to-eye when the doors are closed and separated as soon as someone enters the building, only to

nicht so ungewöhnliches Unterfangen, wie es aus heutiger Sicht erscheinen mag – erinnert sei etwa an die Pferdeköpfe aus Messing, die als Türgriffe die Staatsbibliothek von Jože Plečnik in Ljubljana schmücken, oder an historische Türklopfer, die als Löwenköpfe ausgebildet sind. Doch keiner der angefragten Künstler war willens oder auch nur in der Lage, einen Türdrücker in Form eines Murmeltiers zu gestalten. Zu gross war der Widerwillen, der Kunst eine dienende Funktion zuzumessen. Erst nach langer und unnachgiebiger Suche war es den Architekten möglich, den Kunststudenten Patrick Roth zu finden, der sich dazu bereit erklärte, einen Türgriff in der Form eines Murmeltiers zu modellieren. Als Messingguss ausgeführt, zieren heute zwei lang gestreckte «Munggen» die beiden Türflügel des Andeerer Schulhauses. Wie gespiegelte Zwillinge schauen sie sich bei geschlossener Tür in die Augen und werden auseinandergerissen, sobald jemand ins Haus eintritt – um sich dann langsam wieder einander anzunähern, wenn der geöffnete Türflügel vom Türschliesser langsam in seine Ausgangsposition zurückbewegt wird: Zwei ihren Bau bewachende Murmeltiere, die sich mit ihrem sphinxartigem Gesichtsausdruck sanft und unauslöschlich in die kollektive Erinnerung der örtlichen Dorfjugend einprägen.

Gebaute Heimaten

Es ist das höchste Ziel der Architektur, nicht nur funktional die Grundbedürfnisse des Menschen zu befriedigen, sondern seine Lebenswelt so zu gestalten, dass er sich darin wohl, heimisch, geborgen und frei fühlt. Architektur bildet im besten Fall eine Kulisse, in der eine Gesellschaft in ihrer ganzen kulturellen und sozialen Diversität funktionieren kann. Eine Architektur, die sich auf regionale Traditionen beruft, will dabei nicht die Individualität von Lebensentwürfen einschränken, sondern soll, wie Miroslav Šik im eingangs zitierten Text schreibt, als «Bekenntnis zur Vielfalt der Regionen, Kulturen und Weltanschauungen» verstanden werden. Nur eine spezifische Architektur, die immer allgemein verständlich bleibt und die Eigenheiten, Sehnsüchte und Wünsche ihrer Benutzer zum Leitmotiv ihrer Gestaltung erhebt, kann diese Funktion wahrnehmen. Die entsinnlichte Monotonie einer international vereinheitlichten Architektur wird daran zwangsläufig scheitern. Und so können die Bauten von Peter Joos und Christoph Mathys als genau das verstanden werden: als ein zurückhaltend, aber immer bewusst und hochwertig gestalteter Hintergrund für das alltägliche Leben ihrer Nutzer – eine Lebenswelt, die Erinnerungen wachruft und wiederum selbst Erinnerungen schafft, ein Stück gebauter Heimat.

slowly approach each other once more when the opened door gradually returns to its original position: The two marmots guarding their burrow, both with a Sphynx-like expression, will gently and indelibly make their mark on the collective memory of the village's youth.

Constructed *Heimat*

It is the greatest aim of architecture not only to fulfil people's basic functional requirements, but also to shape the living environment in a way that makes them feel comfortable, at home, safe and free. Ideally, architecture creates a scenery in which a society can function in all of its cultural and social diversity. Architecture that refers to regional traditions does not intend to limit the individuality of ways of life, but should be regarded, as Miroslav Šik wrote in the above quoted text, as "a commitment to the diversity of regions, cultures and world views". Only specific architecture that always remains universally comprehensible and uses the characteristics, aspirations and wishes of its users as a leitmotif of its design, can fulfil that role. The desensitized monotony of internationally uniform architecture is bound to fail as a result. That is precisely how buildings by Peter Joos and Christoph Mathys can be grasped: as a reserved, but always consciously designed, high-quality background for the everyday lives of its users – a world that evokes memories and produces memories of its own, a piece of constructed Heimat.

Wohltemperierte Ausbrüche in Gegenwelten

Alberto Dell'Antonio

Einem architektonischen Schlüsselerlebnis gleich hat sich die Ansicht der evangelischen Filialkirche Cresta Ausserferrera an einem regnerischen Herbsttag in mein Gedächtnis eingeprägt. Als ich in Begleitung von Peter Joos am Ende einer schmalen Schotterstrasse das auf einer Hangterrasse gelegene Dorf erreiche, erblicken wir auf einer sanften Anhöhe die älteste Kirche des Tals. Umgeben von Nebelschwaden und einer Friedhofmauer, die die Hügelschwünge nachzeichnet, bildet das Bauwerk aus dem 12. Jahrhundert einen ebenso unverrückbaren Bestandteil der Landschaft wie die Berge selbst.

Über die biografischen Bezüge hinaus, die Peter Joos und Christoph Mathys mit diesem Bau verbinden, eignet sich die Betrachtung seines Zusammenwirkens mit der Landschaft dafür, um einige grundsätzliche Überlegungen über die beiden Architekten anzustellen. Dies auch, weil die Instandsetzung des romanischen Sakralbaus auf die Anfangsjahre ihrer Tätigkeit zurückgeht, die hauptsächlich von Projekterfahrungen in den Kantonen Zürich und Graubünden geprägt waren. Jahre, in denen die Neubauten des Werkhofes und des Schulhauses in Andeer entstanden – Aufgaben, die den Architekten eine intensive Auseinandersetzung mit einer sehr präsenten lokalen Baukultur abverlangten.

Bei der Sanierung des Kirchleins beschränkten sich die Architekten auf feine, aber wirkungsvolle Korrekturen des 800-jährigen Bestands und verzichteten fast vollständig auf eine eigene Handschrift. Dies lässt sich etwa beim Rückbau früherer Renovationsmassnahmen beobachten: beim Entfernen der maschinell gesägten Kronenplatten der Bruchstein-Friedhofmauer und der Wandvertäfelung des Kirchenraums. Weitere ebenso entscheidende wie unauffällige Eingriffe – das Absetzen des Chorbogens von der Decke und das Austarieren der Raumproportionen – haben Joos & Mathys bewerkstelligt, indem sie die vorgefundene Holzdecke leicht anhoben. Bei aller Zurückhaltung liessen sie es sich jedoch nicht nehmen, mit der Gestaltung der Holzbänke und des Taufsteins einfühlsame und dezidierte formale Akzente zu setzen. Damit ergänzten sie die überlieferte Bausubstanz auf lebendige Weise und schrieben die Baugeschichte des Kirchleins fort.

Das gegenseitige Abwägen zwischen Einfühlungsvermögen und Gestaltungsdrang zieht sich wie ein roter Faden durch die Projekte, von der Sanierung in Cresta Ausserferrera bis zum Ringhof im periurbanen Raum von Zürich. In diesen und in den dazwischenliegenden Projekten kultivierten die

Well-Tempered Outbreaks into Contrary Worlds

Alberto Dell'Antonio

Like a key architectural experience, the view of the Cresta Ausserferrera protestant daughter church left an indelible mark in my memory one rainy autumn day. Peter Joos accompanied me as we reached the village at the end of a narrow pebble road on a hillside terrace and I perceived the oldest church in the valley on a gentle rise. Surrounded by banks of mist and a cemetery wall that follows the contours of the rolling hills, the twelfth-century building forms an element of the countryside that is as immoveable as the hills themselves.

Going beyond the biographical ties that connect Peter Joos and Christoph Mathys to this building, we can study its interaction with the landscape to derive a few underlying considerations with respect to the two architects. This is also true because the restoration of the Romanesque church is one of their early works, which were mainly characterised by project experience in the Cantons of Zurich and Grisons. During that period, new workshops and school facilities were constructed in Andeer – tasks that required the architects to intensively study the extremely immanent local building culture.

In restoring the small church, the architects limited themselves to fine, but effective corrections of the 800 year-old existing structures and almost completely refrained from any hallmarks of their own. That can for instance be seen in the reversal of earlier renovation measures: the removal of the machine-sawn slabs on the quarrystone cemetery wall and the wall-panelling inside the church. Other equally decisive, yet inconspicuous measures include the lowering of the quire arch from the ceiling and the balancing of spatial proportions, which Joos & Mathys achieve by slightly raising the existing wooden ceiling. Despite their reserved approach, they did not refrain from highlighting accents when designing the wooden benches and the font. In doing so, they complemented the remaining building substance in a vibrant way, thereby continuing the building history of the little church.

A mutual balance between empathy and the drive to design is a common theme throughout their projects, from the renovation in Cresta Ausserferrera to the Ringhof in a peri-urban area of Zurich. In the two projects and those in between, the architects cultivated further thematic strands – in a similar way to the "Ragn da Ferrera", the Avers Rhine, which continuously gains in power and breadth on its way from its source to the sea as it is fed by tributaries. The calm surface of the mingled tributary waters

Architekten weitere Themensträngen – ähnlich dem «Ragn da Ferrera», dem Averser Rhein, der von der Quelle bis zum Meer durch Zuflüsse kontinuierlich an Stärke und Breite zulegt. Auf der ruhigen Oberfläche der ineinandergeflossenen Zuläufe spiegelt sich eine heute selten gewordene, beinahe anachronistisch anmutende Genügsamkeit. Sie zeichnet die Entwürfe dadurch aus, dass sie, unabhängig vom Massstab der bearbeiteten Aufgabe, die Weiterentwicklung des architektonischen Ensembles höher wertet als die aufsehenerregende Einzellösung. Wenn auch die kontinuierliche formale und thematische Entfaltung eines Büros ein naheliegendes Resultat innerhalb der Bau- und Berufskultur ist, weist der Werdegang von Joos & Mathys im Vergleich mit anderen Architekten aus demselben Kulturraum doch ungewöhnlich beharrlich Züge auf. Als entscheidender Einfluss ist ihre akademische Formung in der Schmiede der «Analogen»[1], an den ETH-Lehrstühlen von Fabio Reinhart und Miroslav Šik, hervorzuheben. Unter deren Einfluss entwickelten die beiden Architekten einen Bezug zu den Vorläufern der Moderne sowie auch zu deren Reformbewegungen, etwa zum Kritischen Regionalismus[2]. Auf geschichtliche Kontinuität ausgerichtete Architekturströmungen eröffneten ihnen auch den Zugang zu Aldo Rossis Rezeption der «architetture minori». So sehr sich die Projekte von Joos & Mathys im architektonischen Ausdruck von den Architektur-Ikonen des Mailänder Meisters und Theoretikers unterscheiden, so unbestritten ist sein Einfluss auf die Schweizer Baukultur der letzten vierzig Jahre und auch auf die Entwürfe von Joos & Mathys. Dies ist unter anderem an der Vorgehensweise zu erkennen, die sich auf vielfältige Weise des Verfremdungseffekts als Stilmittel bedient – eine Methode, die die beiden Architekten bei unterschiedlichen Bauaufgaben projektspezifisch angewendet haben.

Freiheit und Grenzen ausloten

Die Holzbauten des Forstwerkhofs und des Feuerwehrgebäudes in Andeer lehnen sich in ihrer Disposition, aber auch in der formal-konstruktiven Ausbildung der Fassaden an Wirtschaftsgebäude und an die benachbarte Holzbrücke über den Rhein an. Verzerrungen und massstäbliche Skalierungen verfremden sie allerdings leicht. Versprünge und Verschleifungen gliedern auf eigenwillige Weise ihre Fassaden- und Dachflächen. Die daraus resultierenden plastischen Verformungen beschränken sich nicht, wie im Falle des tympanonartigen Dachvorsprungs des Feuerwehrgebäudes, auf die Gebäudeform. Sie prägen auch den Ausdruck der inneren Hallentragstruktur und deren Gerichtetheit. Mit einfachen Mitteln entsteht so eine Hierarchisierung der Fassaden in Haupt- und Nebenfronten. Die Neubauten erhalten einen formalen Reichtum, und ihre Aussenräume schliessen wie selbstverständlich an die bestehende Bebauungsstruktur an.

reflects an almost anachronistic modesty that has become rare today. One characteristic of the designs is the way they prioritise the further development of the ensemble, regardless of the scale of the task, compared to high-profile individual solutions. In view of the fact that the continuous formal and thematic development of an architectural office is the natural result within a building and professional culture, the career of Joos & Mathys shows unusually tenacious attributes compared to other architects from the same cultural region. One decisive influence during their formative academic education in the forge of the "Analogues"[1], were the ETH Chairs of Fabio Reinhart and Miroslav Šik. Under their influence, the two architects developed a relationship with the precursors of Modernism and their reform movements, such as Critical Regionalism[2]. Architectural movements aligned towards historical continuity also made them accessible to Aldo Rossi's reception of "architetture minori". Although projects by Joos & Mathys contrast greatly with the architectural icons of the Milanese maestro and theoretician in terms of their architectural expression, his influence on Swiss building culture in the last forty years, including designs by Joos & Mathys, is undisputed. Among other aspects, this can be seen in the approach of using diverse alienation effects as a stylistic means – a method that the two architects have applied in differing building tasks in a project-specific way.

Sounding out freedom and limits

The timber buildings of the forestry workshops and the fire brigade building in Andeer are inspired by their disposition, while the formal-structural expression of the façades reflect the local utility buildings and neighbouring wooden bridge over the Rhine. They are however alienated by distortion and scale-shifts. Projections and blurring structure their façades and roof surfaces in an unconventional way. The resulting sculptural deformations are not, as in the case of the tympanum-like projecting roof of the fire brigade building, limited to the building's form. They also characterise the expression of the interior hall structures and their directionality. Simple means are used to create a hierarchy of façades in the main and side walls. The new buildings achieve a formal wealth while their exterior spaces naturally join with the existing developed structure.

The architects applied the same care in integrating the extension buildings of the school in Andeer into the existing structures. In that network of buildings with wings that are grouped around a new covered concourse, a dominant expression of refining treatment of the massive buildings characterises the architectural expression: The architects gave the windows and wall surfaces subtle colour distinctions. The homogeneous building fronts integrate them

[1] Vgl. Miroslav Šik (Hrsg.), Analoge Architektur (Ausstellungskatalog), Zürich 1987.
[2] Der kritische Regionalismus ist eine Richtung der modernen Architektur, die funktionale regionale Besonderheiten im Entwurf berücksichtigt. Anders als im Historismus oder in der Postmoderne wird Tradition nicht oberflächlich zitiert, sondern in den Mittelpunkt der Ausführung gerückt.

[1] Cf. Miroslav Šik (Ed.), Analoge Architektur (exhibition catalogue), Zurich 1987.
[2] Critical Regionalism is a movement in modern architecture that takes functional and regional specifics into account in its design. Unlike Historicism or Post-Modernism, tradition is not cited superficially, but becomes central to its implementation.

Mit derselben Sorgfalt haben die Architekten die Erweiterungsbauten für die Schule in Andeer in den Bestand eingefügt. In diesem Gebäudegefüge mit Trakten, die sich um die neue gedeckte Pausenhalle gruppieren, prägt eine nobilitierende Behandlung der Massivbauten den architektonischen Ausdruck: Die Architekten haben Fenster wie auch Wandflächen einer subtilen farblichen Differenzierung unterzogen. Die homogenen Gebäudefronten gliederten sie in der lokalen Tradition der Verputzgestaltung im Bereich des Sockels und der Öffnungen. Bauteile wie Dachrand und Dachuntersicht vereinheitlichten sie. Besonders augenfällig wird dies bei den Dachvorsprüngen an den Stirnseiten des Schulzimmer- und des Turnhallentraktes. In Kombination mit der ausgeprägten Dachausladung entfaltet die abstrahierte Detaillösung der Traufe eine stark verfremdende Wirkung; unterstützt wird sie von der expressiv-geschwungenen Dachentwässerung. Auch in den Innenräumen des Schulhauses ist die Wechselwirkung zwischen Abstraktion und Veredelung anzutreffen: zwischen den glatt wirkenden weissen Putzflächen und den sorgfältig gezeichneten hölzernen Einfassungen von Türen und Fenstern, aber auch an den Materialübergängen zu Oberflächen, die stärker beanspruchten werden, etwa Griffe, Handläufe, Sockel oder Brüstungen. Da ist die Analogie zum klassischen Schulmobiliar mit den mit Kunstharz beschichteten Arbeitsflächen und den Vollholzkanten, die wir aus der eigenen Schulzeit kennen, kaum zu übersehen. Indem Joos & Mathys die Materialien sorgfältig auswählen und kombinieren, verleihen sie dem Schulhaus eine schlichte und zugleich würdevolle Repräsentativität, die über rein funktional-gestalterische Anforderungen hinausgeht. Darin manifestiert sich letztlich auch eine wesentliche Aufgabe der Baukultur, insbesondere bei einem öffentlichen Gebäude: die Wertvorstellungen der Gesellschaft, die sie hervorgebracht hat, zu materialisieren.

Die Methode der Nobilitierung, der man in unterschiedlicher Ausprägung in fast allen Entwürfen von Joos & Mathys begegnet, findet in der Sanierung des Rathauses in Sarnen einen Kulminationspunkt. Die Anforderungen für eine zeitgenössische Nutzung des Repräsentationsbau, nämlich ein behindertengerechter Umbau und die Anpassung an verschiedene Sicherheitsnormen, waren der Anlass für einen dezidierten Eingriff in den Bestand. Die Architekten gingen mit einer ebenso eigenständigen wie emphatischen Formensprache vor und stellten sie der tradierten Bausubstanz gegenüber. Damit gelang es ihnen, die Gesamtkomposition in ihrem Ausdruck zu überhöhen und in die heutige Zeit zu überführen. Einige der verwendeten Ingredienzen entlehnten sie dem Bestand. Die klassische Profilierung der Edelholzeinfassungen verfremdeten sie, indem sie sie mit Kunstleder bezogen, und

into the local tradition of plaster design in the zone of the base and openings. Building elements such as the roof's edge and underside have a unifying effect. This is particularly apparent in the projecting roof areas at the gable ends of the classroom and sports hall wings. Combined with the strongly protruding roof, the abstracted detailed solution of the eaves develops a strongly alienating effect; it is supported by the expressively sweeping roof drainage system. The interior spaces of the school building also reveal interaction between abstraction and refinement: in between the smooth appearance of the white plaster surfaces and the carefully designed wooden fittings of doors and windows, as well as the material transitions to surfaces that are subject to greater wear, such as handles, railings, bases and balustrades. The analogy to classic school furniture can hardly be overlooked, with synthetic resin coating for the worktops and the solid wood edges that we remember from our own school days. Joos & Mathys carefully select and combine materials to give the school a simple and yet respectfully presentable appearance that goes beyond purely functional and design requirements. Therein ultimately lies a significant task of building culture, especially in a public building: materialising the perceived values of the society that has produced it.

The method of refinement, which can be found in different manifestations in almost all designs by Joos & Mathys reaches a climax in the renovation of the Town Hall in Sarnen. The requirements of a prestigious building's contemporary utilization, namely barrier-free conversion and adaptation to a range of security regulations, were used as an opportunity to carry out targeted measures to the existing building. The architects approached the task with both an independent and emphatic formal language as a counterpart to the traditional building substance. In this way they were able to exaggerate the expression of the overall composition and transfer it to today's times. Some of the ingredients used for this purpose were derived from the existing structures. They alienated the classic profiling of the precious wood skirting by covering them in artificial leather and also framing the room-high glass swinging doors with the material. That and the combination of crystal bars for the new lighting and the lift-cladding with Baroque-like door frames all create a formal resonance with which to mutually enhance and combine the existing and extended structures.

rahmten die raumhohen Glasschwingtüren damit. Daraus wie auch aus der Kombination von Kristallstäben für die neuen Leuchtkörper und der Liftverkleidung mit barockisierenden Türzargen entstand eine formale Resonanz, in der sich Bestand und Ergänztes gegenseitig aufwerten und verbinden.

Die gegenseitige Bereicherung von Bestand und Neubau ist auch Thema der Renovation und Erweiterung an der Bauherrenstrasse in Zürich-Höngg. Die Sanierung des bestehenden Hauses aus dem frühen 20. Jahrhundert wurde schlicht gehalten, die solide Materialisierung bewahrt, wie es bei Eingriffen in die Bausubstanz dieser Epoche üblich ist. Die Materialpalette des Anbaus veredelten Joos & Mathys gegenüber derjenigen des Bestandes insoweit, dass die Übergänge zwischen Alt und Neu gerade noch wahrnehmbar werden: In den neuen Wohnungen setzt ein Fischgratparkett aus Eiche die Douglasieriemen des Altbaus fort. Der Rillenaussenputz des Bestandes wird durch eine gleichfarbige, vertikal gekämmte Putzstruktur erweitert. Eigene Wege gehen die Architekten bei der Formatwahl der neuen Fenster: Mit einer deutlich grosszügigeren Gestaltung schaffen sie einen Mehrwert. Dabei überrascht, dass sich trotz der andersartigen Gliederung von Flügeln und Brüstungselementen eine Balance zu den mit Läden bestückten Fenstern des Altbaus einstellt. Die Veredelungsmassnahmen am Erweiterungsbau lassen sich weiter bis auf die neue Dachterrasse verfolgen, die mit einem Terrazzoboden versehen ist. Als Absturzsicherung fungieren wie beim darüberliegenden bestehenden Balkon Brüstungsstaketen, die allerdings durch eine barocke Verdrehung dekorativ aufgeladen werden. Den Anschluss zwischen den beiden Baukörpern bewältigen die Architekten mit einem vespentaillenartigen Übergang, der die Aussentreppenverbindung vom ersten Geschoss in den Garten elegant fasst. Die geschwungene Wand charakterisiert das angebaute Wohnzimmer und bildet zugleich ein räumlich-formales Element, das ein zweites Mal für die Modifikation des Altbaugrundrisses verwendet wird. Durch diese formale Rückkoppelung vom Neubau auf den Altbau gelingt eine Verschmelzung der beiden Teile zu einem Ensemble mit einem neuformatierten, gemeinsamen Erbgut.

Nährten sich die Entwürfe der bisher beschriebenen Bauten aus Bildern, die vorwiegend aus der Formenwelt der Architektur stammen, kann man das Projekt des Lido in Sarnen, aber auch jenes des Novartis Day Care Center auf Gegenstände zurückführen, von denen eine ikonenhaft-karikaturale Ausstrahlung mit verfremdender Wirkung ausgeht. Diese Freiheit im Umgang mit formalen Analogien eröffnet sich dadurch, dass sich beide Realisationen ausserhalb eines historisch geprägten, urbanen Umfelds befinden.

The mutual enrichment of existing structures and new elements is also the theme of the renovation and extension in Bauherrenstrasse in Zurich-Höngg. The renovation work on the early 20th-century building was kept simple, retaining the solid materials, as is usual for measures to buildings from that period. Joos & Mathys enhanced the material range of the extension compared to the existing building to allow the transitions between the old and new elements to be just visible: In the new building, an oak fishbone parquet continues on from the Oregon pine match boarding in the old building. The grooved exterior plaster of the existing building is extended using a combed plaster structure. The architects take their own path in the choice of format for the new windows, creating added value through a significantly roomier design. It is surprising that a balance with the shuttered windows of the old building is nevertheless achieved despite the different organisation of the wings and balustrade elements. The refining measures to the extension can be traced on to the new rooftop terrace, which has terrazzo flooring. As with the opposite balcony, balustrade paling acts as a safety barrier, which is however charged with Baroque decorative twisting. The architects manage the joint between the two buildings in a wasp-waist transition that elegantly frames the outside steps leading from the first floor to the garden. The sweeping wall characterises the extension's living room and also provides a spatially formal element that is used a second time to modify the old building's floor plan. That formal reverberation from the new to the old building achieves a merging of the two parts to create an ensemble with a reformatted, common inheritance.

While the designs of the buildings described above were inspired by images that mainly derived from the formal world of architecture, one can trace the bathing complex project in Sarnen and the Novartis Day Care Center back to objects with an iconic, caricaturistic radiance that has an alienating effect. That freedom in handling formal analogies is possible because both implemented projects exist outside a historically shaped, urban environment.

Joos & Mathys used such independence with respect to the bathing facility in Sarnen to propose a building that is like an aircraft carrier. It condenses all functions of the swimming complex in one concise volume, while also spatially structuring the landscape in the area of the promontory at the Melchaa delta.

For the Day Care Centre in an area of new development on the Novartis Campus, instead of manifesting itself on a large scale, the iconic aspect is apparent in the ground plan design and the expressive formal

[3] Aldo Rossi, Il libro azzurro – i miei progetti, 1981.

Beim Lido in Sarnen nutzen Joos & Mathys diese Ungebundenheit, um einen flugzeugträgerartigen Bau vorzuschlagen. Damit verdichten sie sämtliche Funktionen der Badeanstalt in einem prägnanten Volumen und gliedern die Landschaft im Bereich der Landzunge beim Melchaa-Delta räumlich.
Bei der Kinderkrippe im Neubaugebiet des Novartis Campus manifestiert sich das Ikonenhafte nicht in der Grossform, sondern in der Grundrissgestaltung und in der expressiven Formensprache des Innenausbaus. Beim Anblick der mäanderförmigen Raumdurchdringungen, die an die Faltungen des Mutterleibes erinnern, in denen sich das Leben einnistet, kann man sich die Entwerferhand, die die Wände lustvoll zum Schwingen bringt, geradezu vorstellen. Die so entstandenen Nischen werden zu Orte der Geborgenheit, des Aufenthaltes und des Spiels. Darin können sich die Kinder im Innern eines überdimensionalen Spielzeugs wähnen, ihren Tagträumen nachgehen oder durch die lupenartigen Fenster einen Blick in die Welt des Erwachsenseins erheischen.
Diese Massstabsprünge erinnern an die surrealen Skizzen im «Libro Azzurro»[3], an die Darstellungen des Mailänder Maestros und Übervaters der Deutschschweizer Architektur, in denen Rossi metaphysische Stimmungen heraufbeschwört, die ihrerseits poetische Freiräume eröffnen. Eine Kaffeemaschine verwandelt sich in eine Kirchenkuppel und der Monumentalbau wird zum Puppenhaus.
Nüchtern und gelassen präsentiert sich die grösste und letzte in dieser Publikation abgebildete Realisierung. Wie ein Fluss, der vor dem Erreichen des Meeres breit und ruhig fliesst, spürt man in diesem Entwurf die ganze Erfahrung des zurückgelegten Weges. Im vorstädtischen Kontext eingebettet entfaltet das Wohn- und Geschäftshaus Ringhof in Wallisellen seine genügsame Gestaltungskraft unter Einsatz einfacher Mittel. Deutlicher als bei den vorhergehenden Projekten kommt hier ein direkter, ungezwungener Umgang mit Putz, Stein, Faserzement und Metall zum Ausdruck. Die Materialien wurden zu Bauteilen mit einer verhaltenen Expressivität verarbeitet, die vordergründig dem Regelwerk einer zeitlosen Architektursprache verschrieben sind, diese aber zugleich unterlaufen. Wie einfache Grundmassnahmen subtil gestört werden, lässt sich etwa in der rhythmischen Gliederung der repetitiven Fassaden beobachten, die durch feine Abknickungen gebrochen werden. Ferner auch in den Variationen der Fensterabstände in den Strassenfassaden und der Loggienbreiten im Hof: Leicht versetzt angeordnete Faserzementsimse unterbrechen oder flankieren die lisenenartigen Pfeiler abwechslungsweise. Ein Blick auf die Zwischenstadien der Fassadenentwürfe geben Aufschluss über die kontinuierliche Reduktion der architektonischen Mittel im Laufe des Planungsprozesses, um die verfremdenden Irritationen zu

language of the interior furnishing. The sight of the meandering form of spatial permeations, which recall the folds of a womb in which life is embedded, makes one literally imagine the creative hand that inspires the walls to life. The niches created in this way become places of security, gathering and playing. Thus children can feel as though they are inside an oversized toy, live out their daydreams or take a look at the grown-up world through the magnifying-glass windows.
Such leaps of scale recall the surreal sketches in the "Libro Azzurro"[3], presentations by the Milan maestro and father figure of German-Swiss architecture, in which Rossi conjures up metaphysical moods that themselves open up poetic spaces. A coffee machine transforms into a church dome and the monumental building becomes a doll's house.
The final piece documented in this volume presents itself in a sober, relaxed way. Like a river flowing broadly and calmly as it approaches the sea, one can feel in this design all the experience of the journey behind it. Embedded in a suburban context, the Ringhof residential and commercial building in Wallisellen radiates its modest design power using simple means. A direct, unconstrained approach to plaster, stone, fibre cement and metal is expressed more clearly than in previous projects. The materials have been refined into building elements with a reserved expressiveness that is predominantly dedicated to the rules of timeless architecture, while also undermining them. One can see how simple basic measures are subtly disrupted by the rhythmical organisation of the repetitive façades, which are broken using fine folds. The varied distances between the windows in the street façade and the breadths of the loggias in the courtyard have a similar effect. Slightly staggered fibre cement window ledges alternately interrupt or flank the pilaster-like columns. Looking at the interim stages of the façade designs reveals the continuous reduction of architectural means in the planning process to achieve such alienating irritations. Going beyond the compositional aspect, the design strategy also displays a creative handling of economic underlying conditions under which the building had to be constructed.

Poetic space for development

The room to manoeuvre that architects have achieved in developing their canon of forms results from the continuous interpretation of aspects that are familiar in collective memory. By pursuing different thematic strands in their projects, they sound out the limits of convention on the one hand, while also creating poetic counter-worlds on the other. An independent formal language with allusions, sensory contributions, veiling and blurring contains multiple significance. And yet the emblematic, symbolic, ergonomic and structurally required elements remain in balance, without allowing a material or construction

bewirken. Die Gestaltungsstrategie zeugt über den kompositorischen Aspekt hinaus auch von einem erfinderischen Umgang mit den ökonomischen Rahmenbedingungen, unter denen der Bau realisiert werden musste.

Der poetische Entfaltungsraum

Der Bewegungsspielraum, den sich die Architekten bei der Entwicklung ihres Formenkanons erarbeitet haben, resultiert aus ihrer kontinuierlichen Interpretation des im kollektiven Gedächtnis Vertrauten. Indem sie in ihren Projekten unterschiedlichen Themensträngen nachgehen, loten sie einerseits die Konventionsgrenzen aus und kreieren andererseits, indem sie sie überschreiten, poetische Gegenwelten. Die eigenwillige Formensprache mit ihren Anspielungen, sinnlichen Zuwendungen und Verschleifungen beinhaltet verschiedene Bedeutungen. Dabei bleiben das Zeichenhaft-Symbolische, das Ergonomische und das Konstruktionsbedingte in Balance, ohne dass ein Material oder eine Konstruktion sich für einen kurzlebigen Effekt hervortun könnte. Die in dieser Weise entwickelten Formen und vielschichtigen Bedeutungsträger bleiben voraussichtlich über eine längere Zeit und von unterschiedlichen Gesellschaftsschichten lesbar. Trotzdem sind nicht alle darin enthaltenen Aussagen ohne Weiteres zugänglich. Denn die Anspielungen an Formensprachen aus der Architekturgeschichte haben auch etwas Antithetisches, das gegen den Strom geht und unsere Wahrnehmung verfremdet. In der Rezeption stellt sich ein leicht anachronistisches, geheimnisvolles Gefühl ein, das – wie der Musikautor Paolo Conte über seine Lieder einmal gesagt hat – «uns dazu bringt, nach den Resonanzen unserer Identität zu suchen»[4]. Diese Kombination aus Verständlichkeit und emotionaler Berührung ist in den Projekten von Joos & Mathys deutlich zu spüren. Dank ausgewogener Gewichtung unterschiedlicher thematischer Strängen und architektursprachlicher Konventionen gelingt es ihnen, den Bezug zur Vergangenheit herzustellen wie auch Widerhall in der heutigen Gesellschaft zu finden. Damit legen sie ein solides Fundament für die Zukunft ihrer Praxis.

Die weitere Entwicklung von Joos & Mathys ist mindestens so stark von der Gesellschaft abhängig wie der Fluss von der Topografie, die er durchfliessen wird. Deshalb darf man darauf gespannt sein, welchen Umgang die Architekten mit künftigen Unwegsamkeiten und Herausforderungen finden werden und wie dies ihre poetische Raumbildung verändern wird.

to upstage them for a short-term effect. The forms and multilayered carriers of significance developed in this way will remain for a long time and are legible by different social strata. Nevertheless, not all of the statements are immediately accessible. Allusions to the formal language of architectural history also have an antithetical aspect that goes against the grain and alienates our perception. In our reception, a slightly anachronistic, secretive feeling arises, which – as the musician Paolo Conte once said about his songs – “make us seek the resonances of our identity”[4]. That combination of comprehensibility and emotional touch is clearly evident in projects by Joos & Mathys. The balanced weighting of different thematic strands and conventions of architectural language allows them to create a reference to the past and find an echo in today’s society. They thereby lay a solid foundation for the future of their professional practice.

The further development of Joos & Mathys is at least as strongly dependent on society as a river is on the topography through which it flows. Thus we can look forward to the way in which the architects handle future obstacles and challenges and how these will change their poetic spatial development.

[4] «Tutte le mie canzoni nascono con questo spirito: scrivere una musica fuori moda, un po’ segreta, che vada a cercare in fondo a noi le risonanze della nostra identità», Interview mit Paolo Conte, in: l’Unità, 27. Dezember 2011.

[4] “Tutte le mie canzoni nascono con questo spirito: scrivere una musica fuori moda, un po’ segreta, che vada a cercare in fondo a noi le risonanze della nostra identità”, Interview with Paolo Conte in: l’Unità, December 27, 2011.

IL SEGNER VEAN A PERCHIRAR
IL TEAS EGRESS ÀDIL TEAS RETUORN
DAD USS ANVI ANTROCAN SEMPER.
PSALM 121.

Evangelische Filialkirche Cresta Ferrera, Ausserferrera

Protestant Daughter Church Cresta Ferrera, Ausserferrera

Die Kirche Cresta Ferrera deren ehemaliges Patrizinium man nicht kennt, ist der Bauform nach die älteste des Tales. Erwin Poeschel datiert ihre Entstehung aufgrund der gerade geschlossenen Lichtschlitze in der Apsis und der Kragung des Portalsturzes in die spätromanische Zeit nach 1200. Letztmals wurde die Kirche 1925 von den Architekten Schäfer & Risch instand gesetzt und renoviert.
Mit der jüngsten Renovation wurden verschiedene Eingriffe von damals rückgängig gemacht. Nicht zuletzt waren die Holzeinbauten, die Wandvertäferung und der Riemenboden aus Fichtenholz mit ein Grund dafür, dass der Hausschwamm den gesamten Innenausbau befallen und zerstören konnte. Der morsche Holzboden von 1925 wurde durch einen Kalkmörtelboden und die Kirchbänke wurden durch solche aus fein gewachsenem Fichtenholz ersetzt. An die Stelle des hölzernen Taufsteines tritt gemäss der Tradition der Talschaft einer aus Tuffstein. Die vorgefundene Holzdecke wurde beibehalten, jedoch um 25 Zentimeter höher gesetzt, um die Proportionen des Kirchenraumes zu verbessern und den Chorbogen der Apsis im Scheitel stärker von der Decke abzusetzen. Die Öffnungen in der Apsis wurden freigelegt und lediglich mit neu gestalteten Gittern versehen, um eine bessere Belüftung des Kirchenraumes zu ermöglichen. Die Krone der Friedhofsmauer aus gesägten Granitplatten aus den 1970er Jahren wurde entfernt und durch wildförmige Platten ersetzt.

Judging by its construction, the Cresta Ferrera church (with an unknown former patron saint) is the oldest in the valley. Erwin Poeschel estimates its construction date to be in the late Romanesque period after 1200 due to its straight, closed light-slits in the apse and the overhanging portal lintel. The church was last restored and renovated in 1925 by the architects Schäfer & Risch.
The latest renovation reversed various earlier measures. Not least, the wooden installations, the wall panelling and the spruce floorboards were an important reason why dry rot was able to colonise and destroy entire interior fittings. A limestone mortar floor replaced the rotten wooden floor from 1925 and benches made of finely grown spruce wood replaced the church pews. In keeping with tradition in the valley, the wooden baptismal font was replaced by one made of tuff. The existing wooden ceiling was retained, but elevated by 25 cm to improve the proportions of the church interior and set the apse arch apart more strongly from the ceiling at the vertex. The openings in the apse were exposed and simply placed behind a newly designed grid to enable better ventilation of the interior. The 1970s crown of the cemetery wall, which is made of sawn granite slabs, was removed and replaced by naturally shaped slabs.

Projekt/Project: 1995
Ausführung/Construction: 1996
Bauherrschaft/Client: Reformierte Kirchgemeinde Ferrera
Projektteam / Project team:
Joos & Mathys Architekten

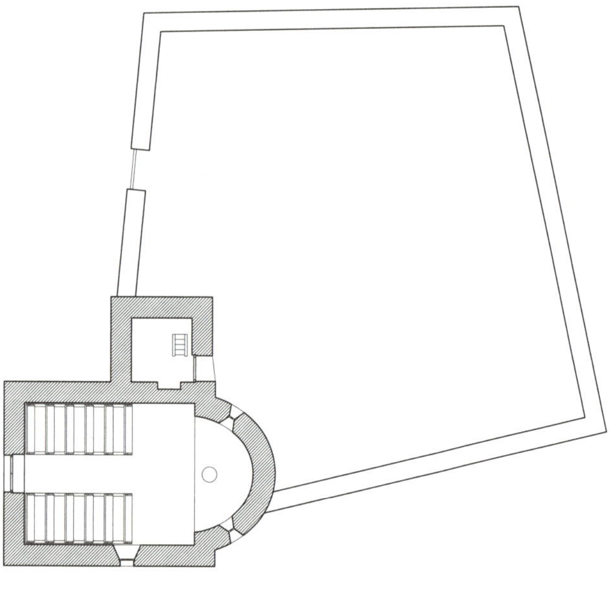

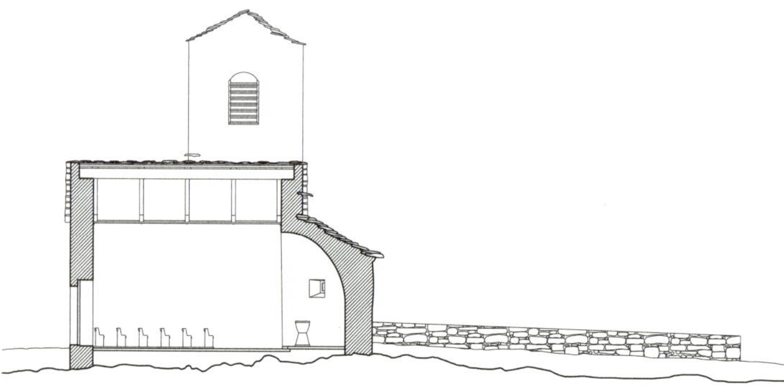

10 m

Forstwerkhof und Feuerwehrgebäude, Andeer

Forestry Workshops and Fire Brigade Building, Andeer

Der Standort der Werkhöfe ist geprägt durch das Rheinufer, die nahe hölzerne Rheinbrücke und das Schulhaus von Andeer. Das Grundstück hat eine eher zufällige Form. Zwei Gebäude bilden die Werkhöfe auf dem Areal. Das Feuerwehrgebäude erstreckt sich entlang der Uferverbauung und nimmt den Platz einer ehemaligen Sägerei ein. Der in seiner Form ähnliche, aber kleinere Forstwerkhof ist leicht abgewinkelt in die Tiefe des Grundstückes zurückversetzt. Die zwei Höfe – der nördlich gelegene Vorplatz der Feuerwehr und der südliche, der Schule abgewandte Hof des Forstbetriebes – bilden jeweils funktional getrennte Aussenräume.

Die Tragkonstruktionen bestehen wo immer möglich aus Holz. Für die Konstruktionshölzer und Verkleidungen wurde einheimisches Schnittholz verwendet. Alle Dächer werden von längs laufenden Sparren getragen, deren Dimensionen auf die unterschiedlichen Spannweiten abgestimmt sind. Die grösste Spannweite misst bei der Feuerwehreinstellhalle 21 Meter.

Die Lage des Dachfirstes ist so gewählt, dass wirtschaftliche schmale Träger aus Brettschnittholz verwendet werden konnten. Einzig der Torträger ist dicker bemessen, um die Verformungen bei Schneelasten für die Falttore in zulässigen Grenzen zu halten. Die betonierten Wände der Einstellhalle wirken als Brandmauern und gleichzeitig als aussteifende Scheiben. Die Fassaden sind mit stehenden sägerohen Lärchenholzschalungen verkleidet.

The location of the workshops is characterised by the bank of the Rhine, the nearby wooden bridge over the river and the Andeer school building. The plot has a rather coincidental form. Two buildings form the workshops on the estate. The fire brigade building stretches along the development on the bank and takes the place of the former sawmill. The forestry workshops have a similar form, but the building is smaller and placed in a slightly angled, more recessed position on the grounds. The two courtyards – the northern forecourt for the fire brigade and the southern forestry courtyard facing away from the school – each form functionally separate exterior spaces.

The load-bearing structures are made of wood wherever possible. Locally sawn wood was used for the construction timber and cladding. All roofs are supported by longitudinal beams with dimensions that were adapted to the different spans. The largest span is 21 metres for the fire brigade garage.

The location of the roof ridge was chosen in a way to allow economic narrow girders made of sawn wooden boards. Only the girder for the gate has thicker measurements to keep deformation levels beneath heavy snow within the permitted levels for the folding doors. The concrete walls of the garage act as firewalls and also as bracing discs. The façades are covered with upright, raw sawn larch wood cladding.

Projekt/Project: 1998–1999
Ausführung/Construction: 1999–2000
Bauherrschaft/Client: Politische Gemeinde Andeer
Projektteam / Project team: Joos & Mathys Architekten
Mitarbeit/Collaboration: Daniel Nyffeler, Isabel Jüngling
Bauingenieur / Construction engineer: Conzett Bronzini Gartmann AG

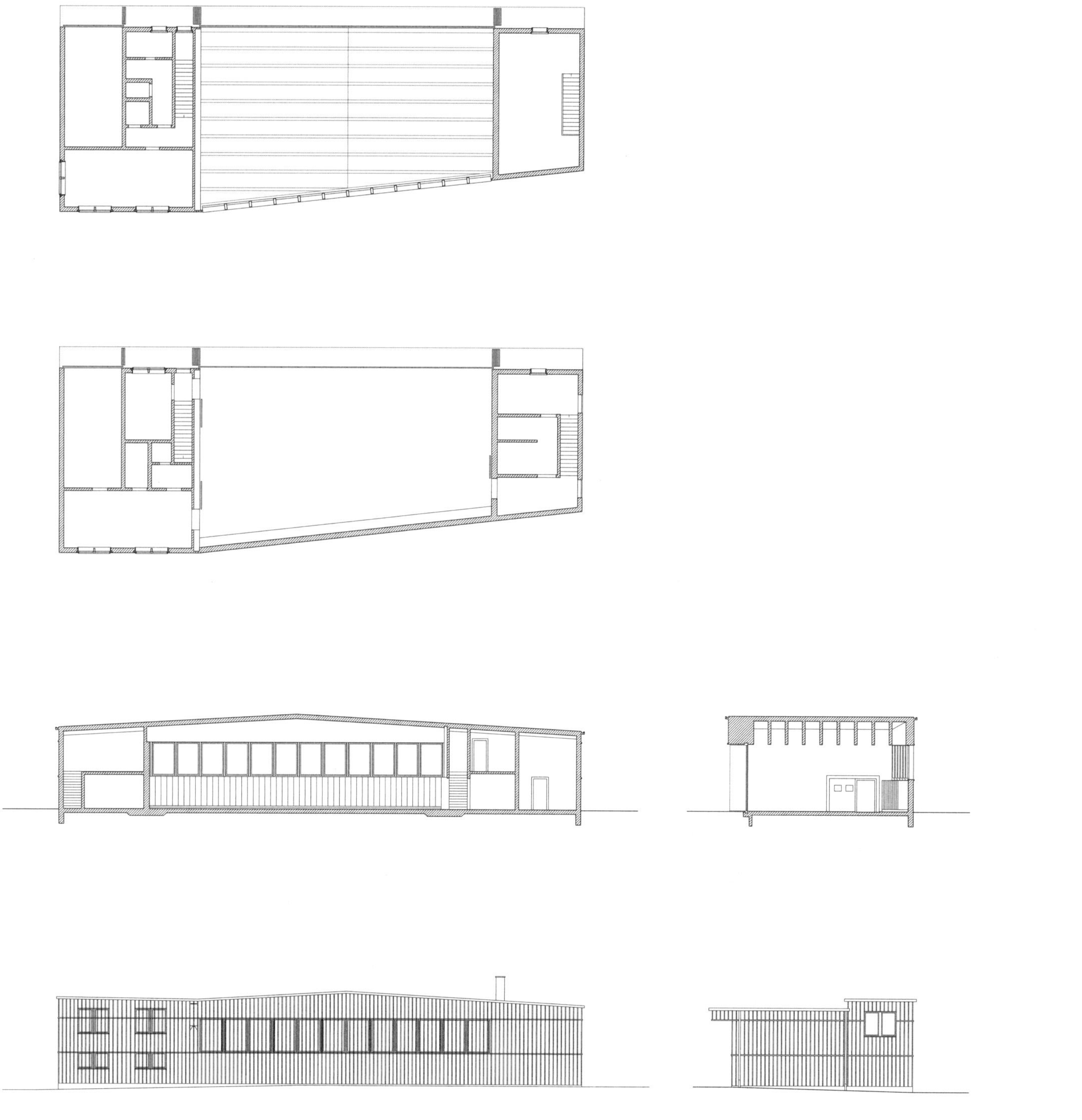
10 m

STAHL + Fribos AG
CH-5070 Frick

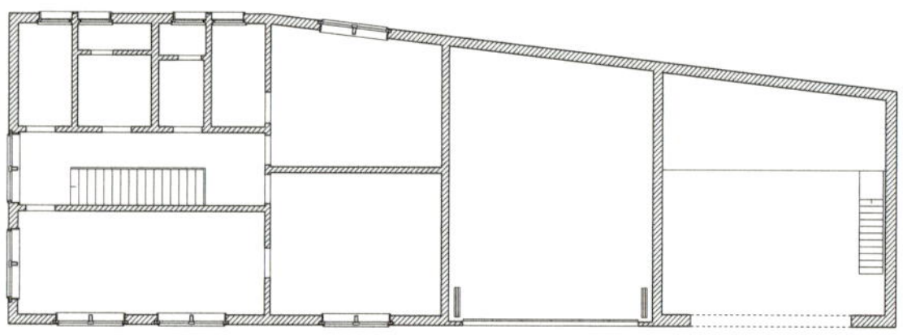

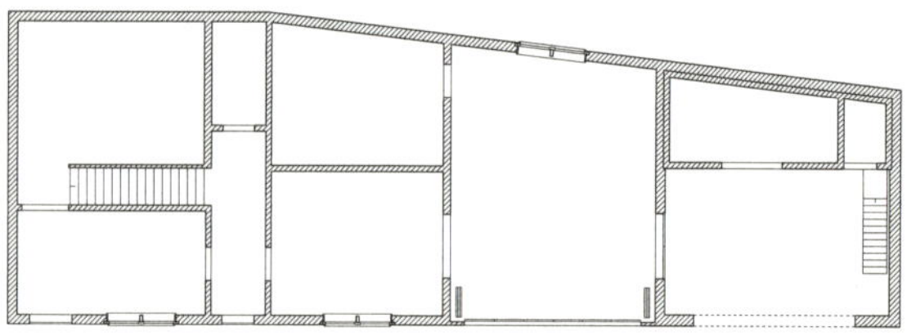

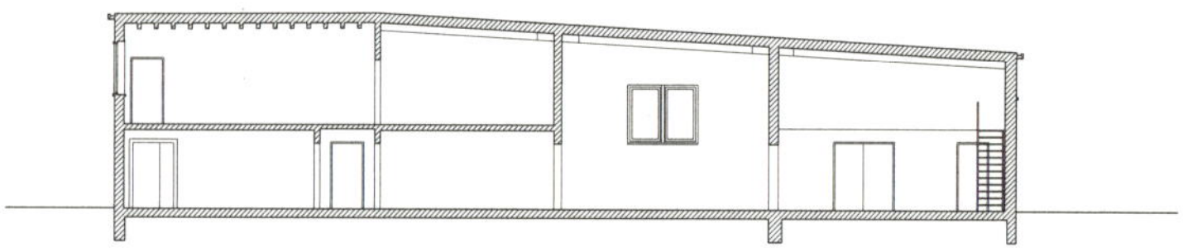

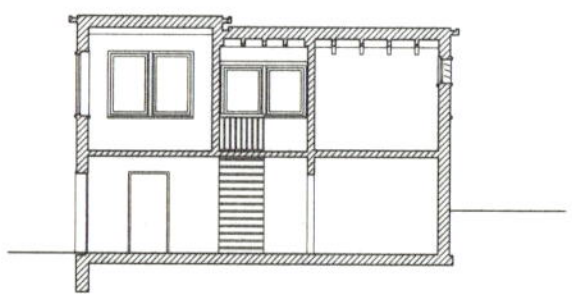

POMPIERS

Schulhaus, Andeer

School Building, Andeer

Das Schulhaus in Andeer, in den 1940er Jahren erbaut, zeigt sich in einer gepflegten Architektursprache der schweizerischen Nachkriegsmoderne. Der Eingangstrakt mit Aula bildet die Mitte der südorientierten Anlage. Zwei Flügeltrakte, im Westen der Klassentrakt und im Osten die Turnhalle, fassen den Pausenplatz und die grosse Spielwiese, welche bis zum Rheinufer reicht.
In einer artverwandten Weise ist der Erweiterungsbau in drei Teile gegliedert. Unter leicht geneigten, kaskadierenden Satteldächern umschreiben der neue, ostorientierte, zweigeschossige Schultrakt, die Turnhalle und die verbindende Pausenhalle winkelförmig mit dem Bestand einen offenen, nach Südwesten hin orientierten Hof. Um der Massstäblichkeit des Quartiers und der einzelnen alten und neuen Trakte zu entsprechen, ist das grosse Volumen der Turnhalle um eine Geschosshöhe im Terrain eingegraben.
Gemauerte Wände, massive Holzdecken und Satteldächer aus Holz bilden die Tragstruktur. Die Blechdächer sind von geringem Gefälle, springen traufseitig wenig vor und stehen an den Giebelseiten weit ausladend über die Fassade hinaus.
Ein feines helles Putzband mit einem Kalkanstrich zeichnet mäandrierend die Aussenkante der Gebäudefigur nach und umschliesst die farblich abgesetzten verputzten Fassadenflächen.

The school in Andeer, which was built in the 1940s, has a refined architectural language in the style of Swiss post-war modernism. The entrance section with the assembly hall forms the centre of the southwards-facing facility. Two wings, with classrooms to the west and the sports hall to the east, frame the schoolyard and the large playing field, which stretches to the bank of the River Rhine.
The extension is analogously divided into three parts. Beneath gently inclining, cascading saddle roofs, the new eastward-facing, two-storey school wing, the sports hall and the connecting school yard combine in an angular way with the existing building to outline an open courtyard that is orientated towards the south. To conform with the scale of the quarter and the individual old and new wings, the large volume of the sports hall was sunken into the terrain by one storey level.
Brick walls, massive wooden ceilings and timber saddle roofs form the load-bearing structure. The sheet metal roofs have a slight incline and hardly project over the eaves sides, while projecting far over the façade on the gable side.
A fine, bright band of plaster with a lime coating outlines the meandering outer edge of the building's figure and envelopes the colour-contrasting plaster façade surfaces.

Projekt/Project: 2002–2003
Ausführung/Construction: 2003–2005
Bauherrschaft/Client: Politische Gemeinde Andeer
Projektteam / Project team: Joos & Mathys Architekten
Mitarbeit/Collaboration: Christian Bühlmann, Roger Schärer
Bauingenieur / Construction engineer: Walter Bieler AG

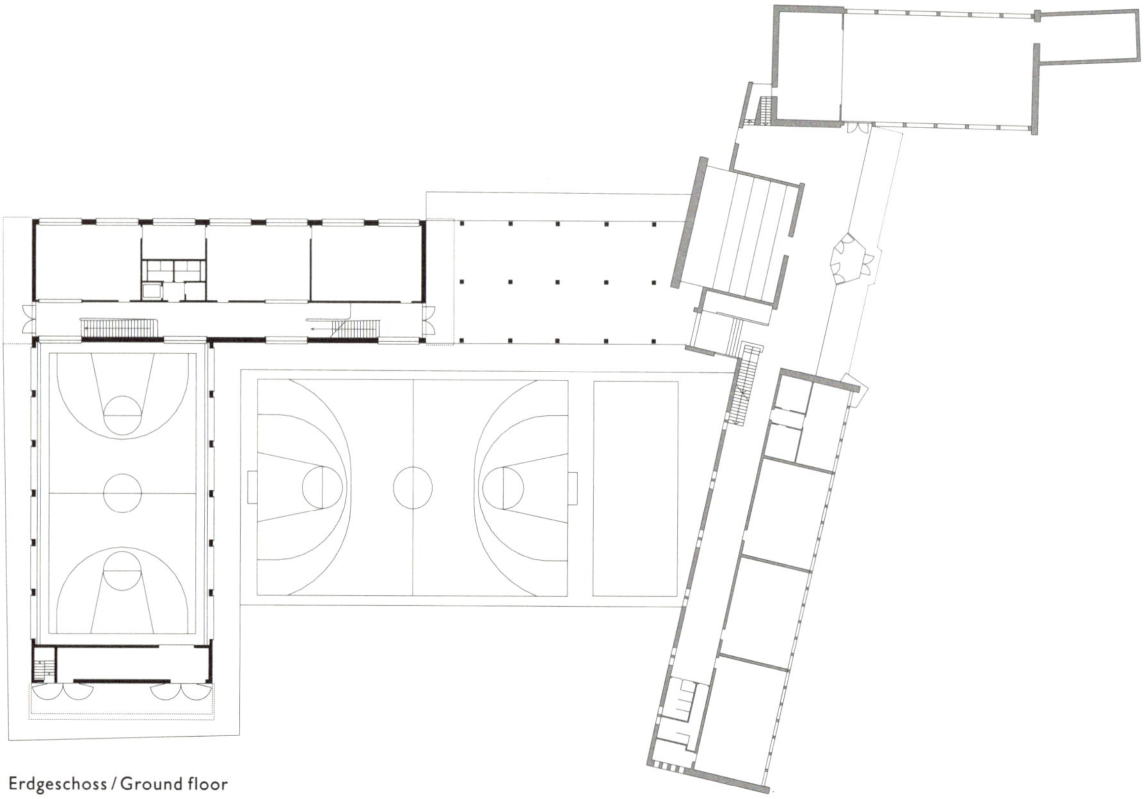

Erdgeschoss / Ground floor

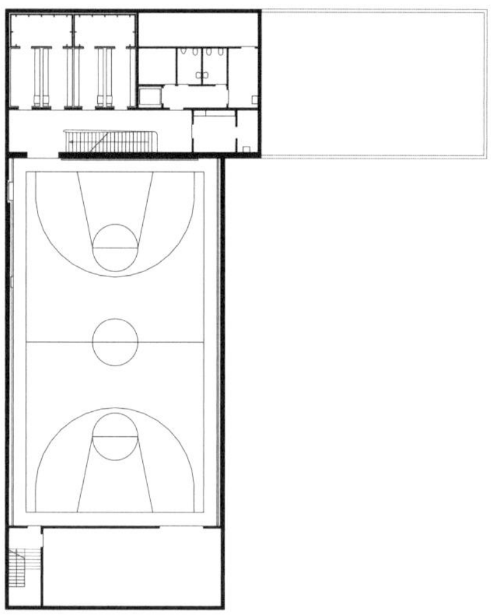

Untergeschoss / Basement

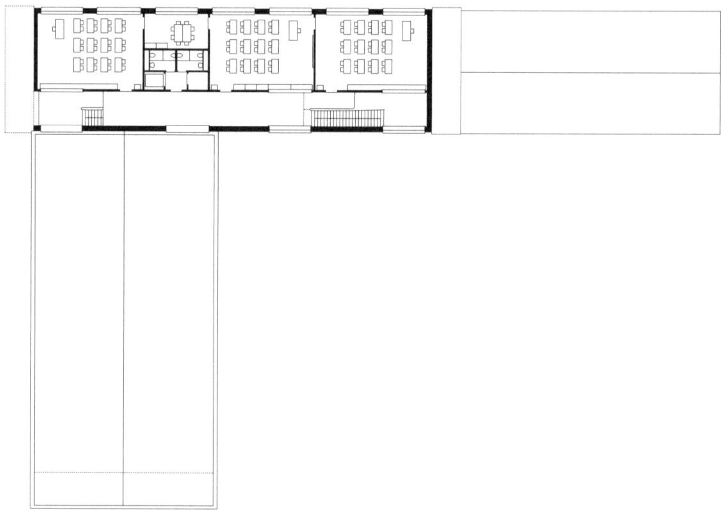

Obergeschoss / Upper floor

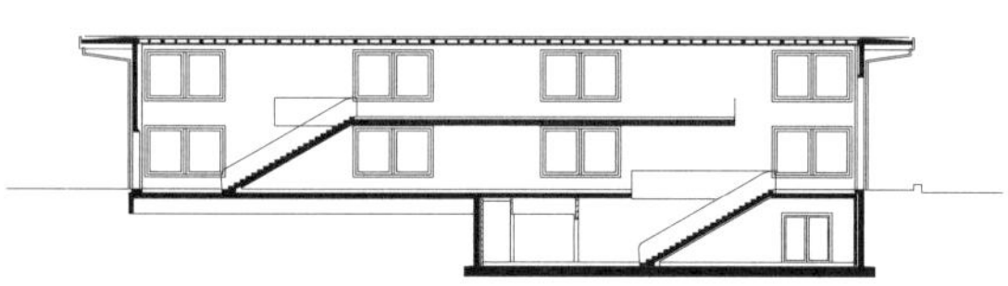

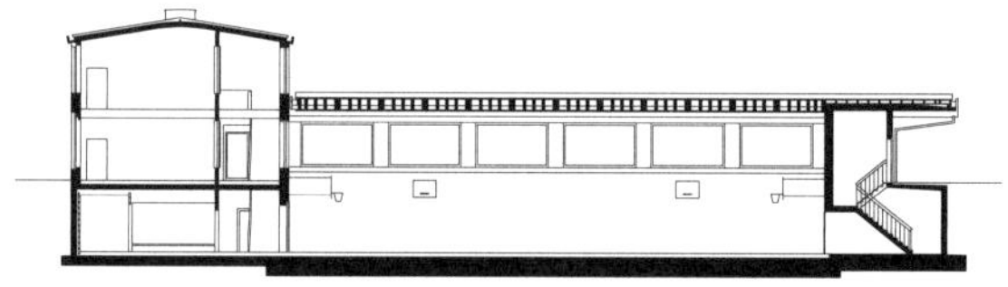

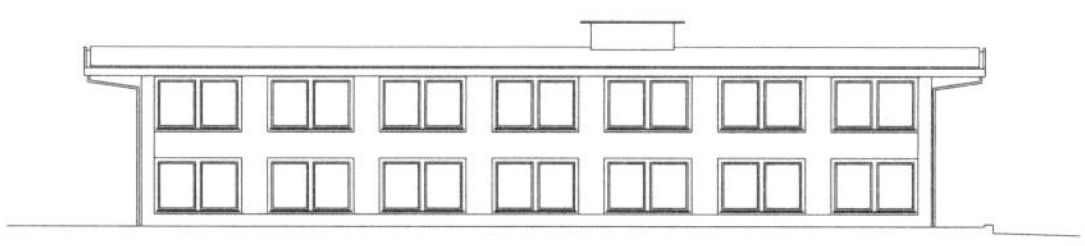

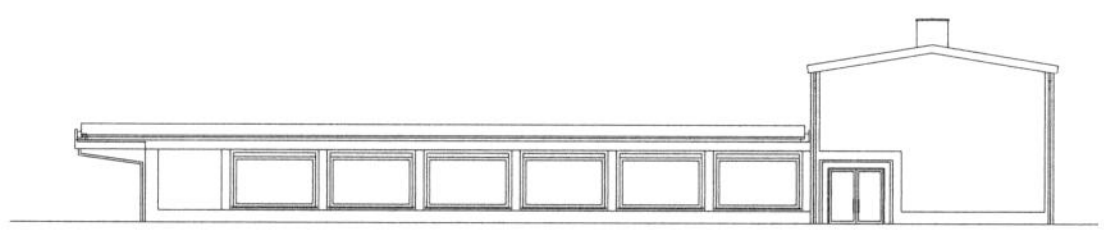

dienraum

Rathaus des Standes Obwalden, Sarnen

Obwalden Town Hall, Sarnen

Die Hochwasserkatastrophe vom August 2005 hat das Rathaus am Dorfplatz in Sarnen überflutet und arg in Mitleidenschaft gezogen. Mit der Instandsetzung und dem Umbau wurden die neuen Anforderungen des Personen- und Hochwasserschutzes und des behindertengerechten Bauens umgesetzt.
Das Rathaus von nationaler Bedeutung ist das repräsentativste Gebäude im Eigentum des Kantons Obwalden. Der Bau geht in seinem Kern auf das Jahr 1468 zurück und wurde 1978 letztmals restauriert. Von besonderer Qualität sind der barocke Kantonsratssaal und der Regierungsratssaal im Empirestil.
Mit dem geforderten Lifteinbau hat das statisch fragile Raumensemble einen radikalen Eingriff erfahren. Die Lage des Aufzugs wurde so gewählt, dass der Lifteinbau in den unteren zwei Geschossen als geheimnisvoll leuchtender Körper mittig in den Eingangshallen erscheint. In den oberen Geschossen ist die Lage im Bestand so synchronisiert, dass sich der Einbau unscheinbar in die Nebenkabinette integriert. Dabei läuft das Gegengewicht der Aufzugsanlage übersetzt als Flaschenzug unsichtbar nur in den oberen Geschossen.
Das oberste Geschoss wurde von den Einbauten der 1970er Jahre befreit. Im Erdgeschoss ist ein grosser Empfangsraum entstanden, der unabhängig vom Ratsbetrieb durch eine bisher verschlossene Türe direkt vom Dorfplatz her betreten werden kann.

The flood disaster of August 2005 waterlogged and heavily damaged the Town Hall on the village square in Sarnen. Repair and conversion work fulfilled new requirements with respect to personal safety and flood protection, as well as accessibility for the disabled.
The nationally important Town Hall is the most prestigious building owned by the Canton of Obwalden. The building's core was constructed in 1468 and had been most recently restored in 1978. The Baroque Canton Council Chamber and the Empire-style Governmental Chamber have a special quality.
The required installation of a lift radically affected the statically fragile ensemble of rooms. The location of the elevator was chosen to allow it to appear as a mysterious, illuminated volume at the centre of the entrance halls on the two lower levels. On the upper floors, its location is synchronised with the existing building to allow its reserved integration into the side cabinets. The invisible pulley system acting as a counterweight for the elevator runs only on the upper floors.
The installations from the 1970s on the top floor were removed. On the ground floor, a large reception area has been created, which can be directly accessed from the village square by means of a previously closed door without affecting council operations.

Projekt/Project: 2006
Ausführung/Construction: 2006–2007
Bauherrschaft/Client: Kanton Obwalden
Projektteam / Project team:
Joos & Mathys Architekten,
Diener & Diener Architekten
Mitarbeit/Collaboration:
Ralph Alan Mueller
Bauleitung / Construction management:
Büro für Bauökonomie AG
Bauingenieur / Construction engineer:
Ingenieurbüro Zeo AG

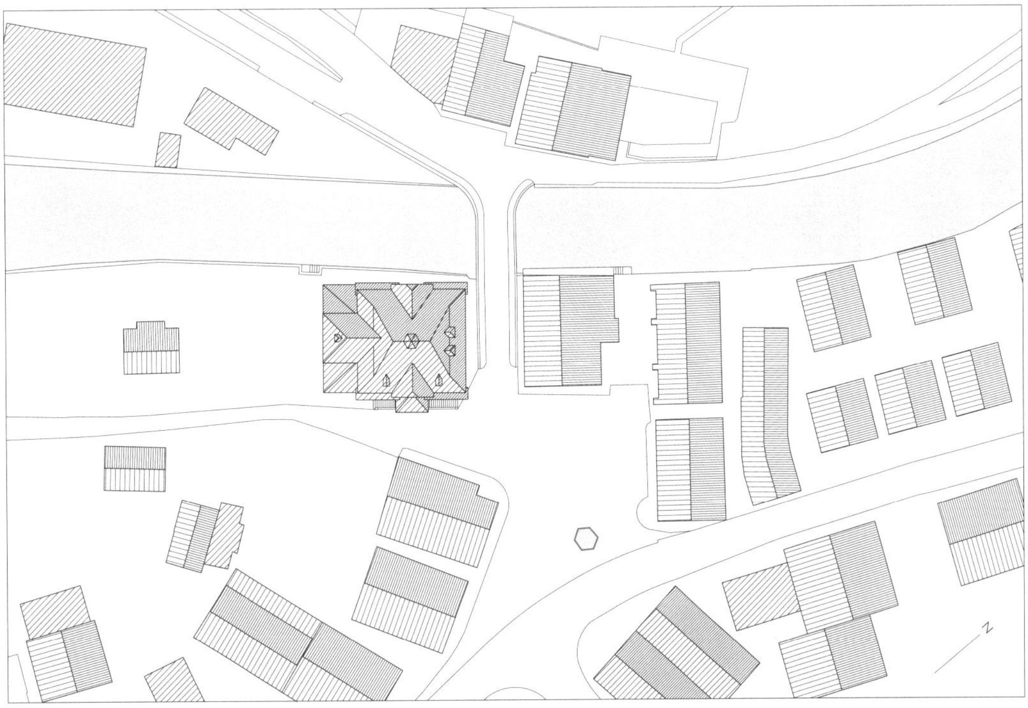

Amrhein

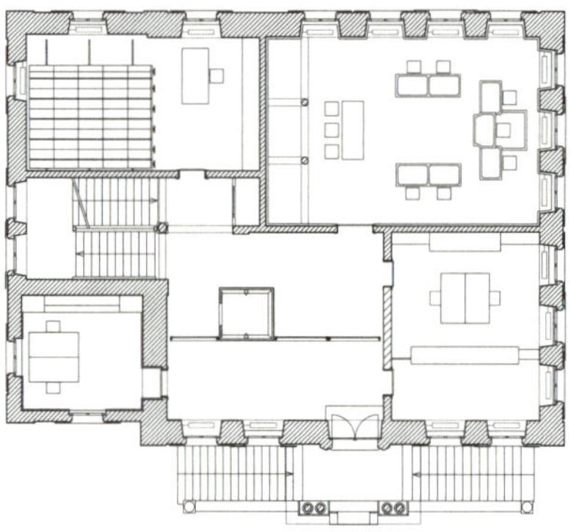

1. Obergeschoss / First floor

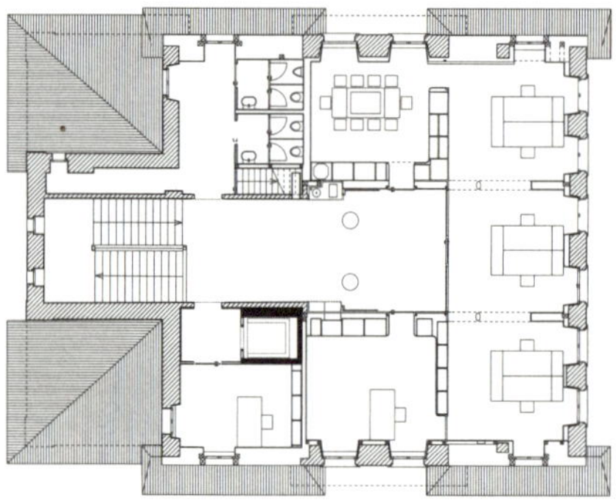

Dachgeschoss / Attic floor

Erdgeschoss / Ground floor

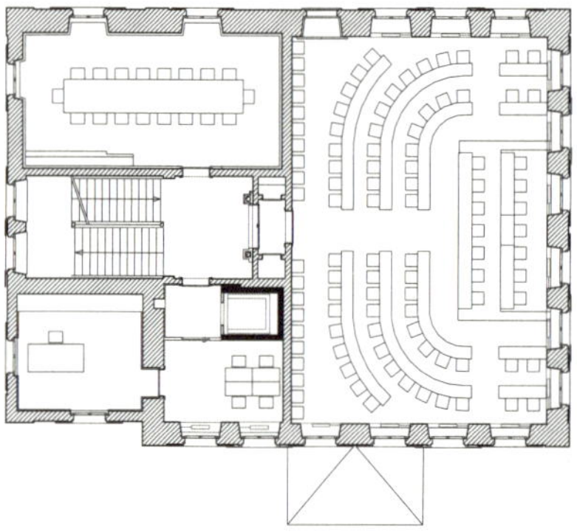

2. Obergeschoss / Second floor

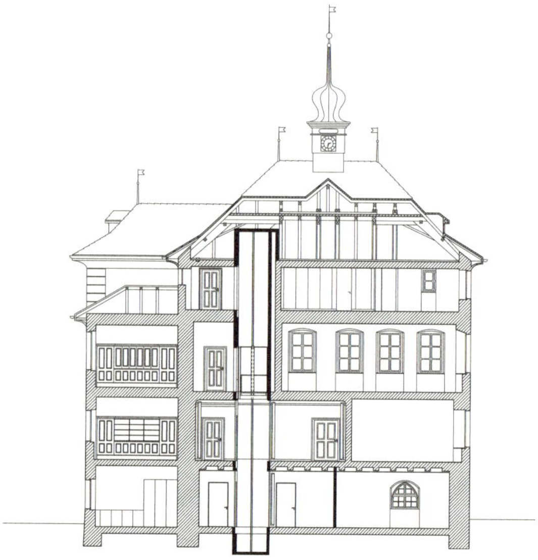

Lido und Camping, Sarnen

Dem Richtplan für das Seefeld folgend, sitzt das markante Lidogebäude auf der dafür vorgesehenen Achse. Als zweigeschossiges, feingliedriges Bauwerk mit Stahlstützen und Geschossplatten aus Ortbeton beinhaltet es alle Infrastrukturnutzungen des Campings, des Freibades und des Restaurants. Das 25-Meter-Schwimmbecken ist auf dem Oberdeck angeordnet. Als Vorleger ist das Erlebnisbecken in die Topografie der Liegewiese eingeschrieben. Die Liegewiese wird als Teil des Parks gelesen und die bestehenden Silberweiden wurden durch einzelne Trauerweiden ergänzt. An der Stelle, wo die Liegewiese direkt an den See stösst, bilden ortbetonierte Sitzstufen eine geschwungene Uferlinie. Der Campingplatz weist nun eine leicht bombierte Topografie auf und der zentrale Parkplatz wurde mit unterschiedlichen Laubbäumen aufgepflanzt, die mit der Zeit ein grünes Baumdach bilden werden.
70'000 Quadratmeter überschwemmter Boden sind von Grund auf neu gestaltet worden. Die markanten, mächtigen Bäume zeugen rund um das Lidogebäude, beim Belvedere und auf der Liegewiese von der untergegangen alten Bade- und Freizeitanlage. Wie übergrosse Landschaftsanker haben sie der Urgewalt des Hochwassers standgehalten und geben der neuen Anlage nun schützenden Halt in frischer Gestalt. 300 sorgfältig gepflanzte Bäume werden still wachsen, unmerklich wird sich das Seefeld in einen wahrhaftigen Park verwandeln und die Narben der Unwetterkatastrophe schliessen.

Lido and Campsite, Sarnen

In accordance with the structural plan for the Seefeld area, the striking lido building is situated on an intended axis. The two-storey, finely structured development with steel supports and suspended floors accommodates all the rooms utilized for the campsite, open-air bathing facility and restaurant. The 25 m swimming pool is situated on the top deck. In front of it, the fun pool is integrated into the topography of the lakeside lawn. The lawn is grasped as part of the park, as the existing white willows were supplemented by individual weeping willows. At that location, where the lawn merges directly with the lake, in-situ cast concrete seating steps create a winding shoreline. The campsite now has a slightly cambered topography and a variety of deciduous trees were planted at the central car park, which will in time form a green, leafy roof.
70,000 m^2 of flooded land were completely redesigned. The striking, mighty trees around the lido building, the Belvedere and the lakeside lawn bear witness to the destroyed bathing and leisure facility. Like oversized inland anchors, they managed to withstand the elemental forces of the flood and now provide a protective hold in a new guise. 300 carefully planted trees will grow in time, as the Seefeld gradually transforms into a true park and the scars of the flood disaster slowly disappear.

Projekt/Project: 2008–2009
Ausführung/Construction: 2009–2010
Bauherrschaft/Client: Politische Gemeinde Sarnen
Projektteam / Project team: Joos & Mathys Architekten, Seiler Linhart Architekten
Mitarbeit/Collaboration: Corinne Lehner, Stefan Liebscher, Michael Rabe, Bea Maria Roth
Bauleitung / Construction management: Kaufmann & Partner GmbH
Mitarbeit/Collaboration: Daniel Brunner, Thomas Zimmermann
Landschaftsarchitektur / Landscape architecture: August + Margrith Künzel Landschaftsarchitekten AG
Mitarbeit/Collaboration: Lorenz Siegenthaler
Bauleitung / Construction management: Fahrni Landschaftsarchitekten GmbH
Bauingenieur / Construction engineer: Conzett Bronzini Gartmann AG

OW
3186
LU
245 198

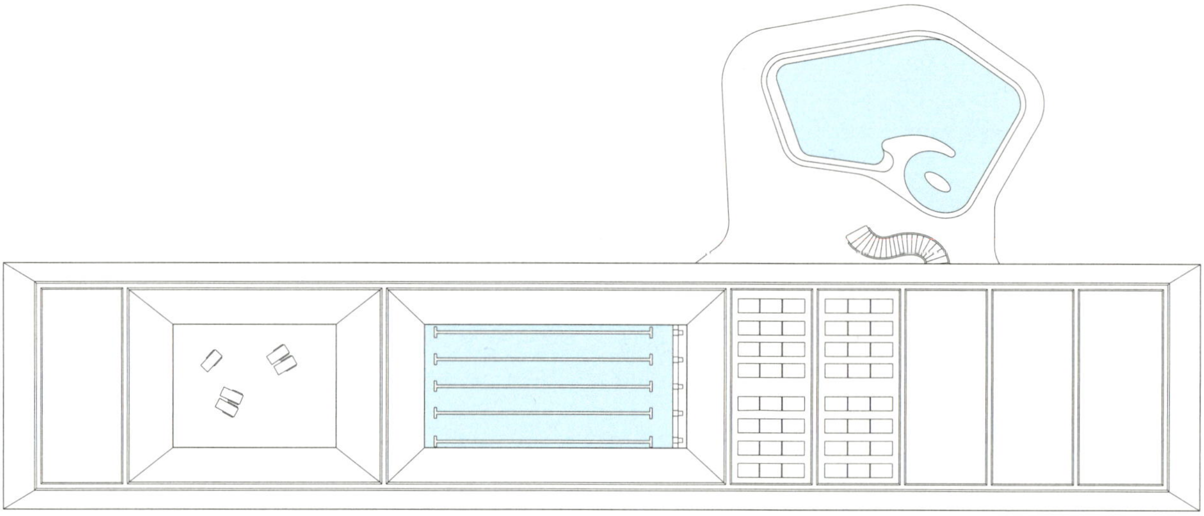

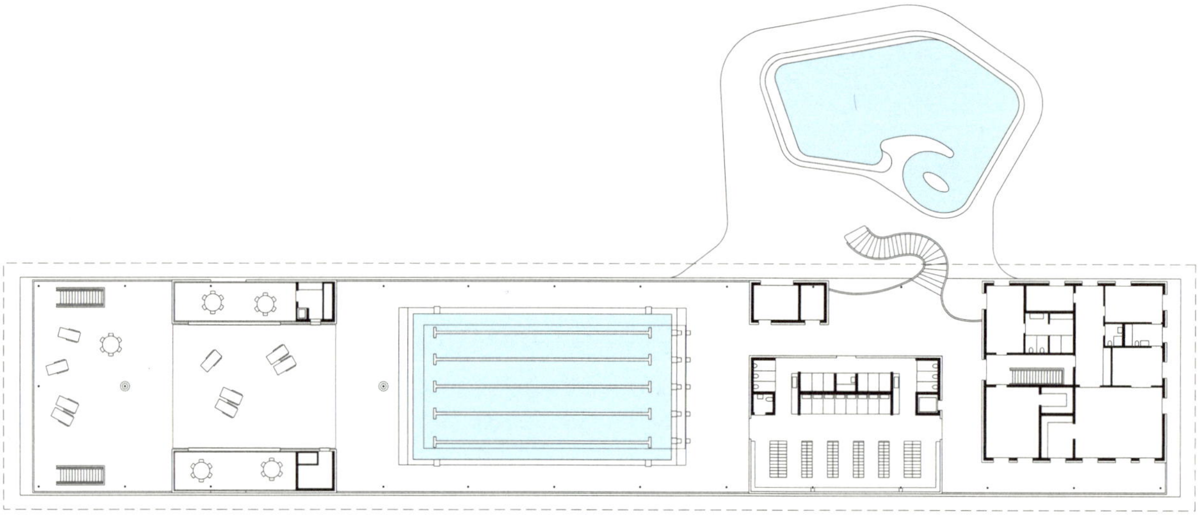

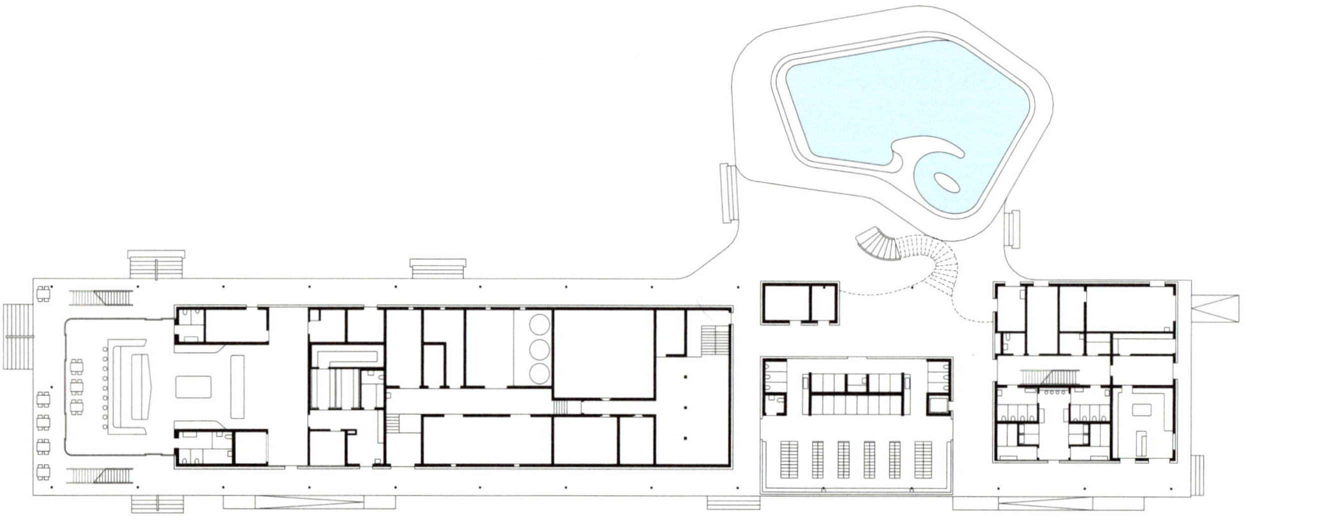
20 m

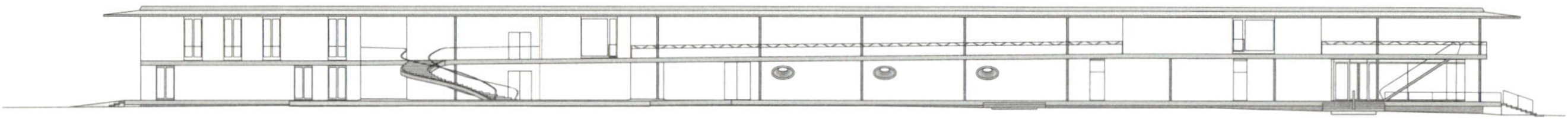

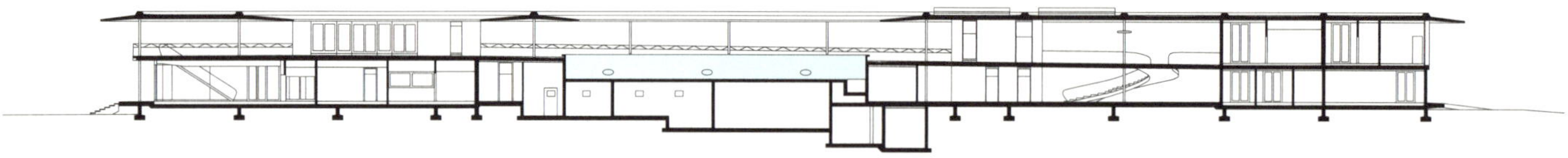

Novartis Day Care Center, Basel

Am Anfang stand die Idee, für die Kinder der Mitarbeitenden von Novartis – zusätzlich zum Betreuungsangebot ausserhalb des Campus – auf dem Werksgelände ein eigenes Kinderhaus zu errichten. Aus verschiedenen Gründen, nicht zuletzt weil der Campus als Werksgelände nach wie vor ein Produktionsstandort mit entsprechenden Gefahren und Anforderungen der chemischen Industrie ist, hat Novartis sich entschieden, ein Day Care Center in einem bestehenden Bürogebäude aus den 1970er Jahren einzurichten. In peripherer Lage und trotzdem zentral auf dem Campus hinter dem Hauptgebäude gelegen, ist im Erd- und ersten Obergeschoss eine Krippe für ca. 36 Kinder entstanden.
Das rationale Raster der vorhandenen Bürostruktur und die verschieden proportionierten Flächen werden durch organisch mäandrierende, raumhaltige Wände in 36 verschieden grosse Räume unterteilt. Aus diesem Konglomerat bilden sich sechs Raumgruppen heraus, wobei manche Räume an unterschiedlichen Gruppen partizipieren. Oval geschnittene Augenfenster mit tiefen Laibungsnischen geben Einblicke in die verschiedenen Spiel- und Ruheräume und tragen das Licht der Bürofassade ins Innere der Kinderwelt. Im Obergeschoss ist südwestseitig eine kleine Terrasse für die Kinder angelegt.

Novartis Day Care Centre, Basel

It started with the idea to build a day care centre for the children of Novartis employees on the corporate estate – in addition to the supervision services offered outside the campus. For various reasons, not least because the campus remains an industrial estate and therefore a production site with dangers and requirements inherent to the chemical industry, Novartis decided to establish a day care centre in an existing office building from the 1970s. At a peripheral location that is nevertheless on the campus, namely behind the main building, the crèche now caters for 36 children on the ground and first floors.
The rational grid of the existing office structures and the differently proportioned areas were divided into organically meandering, voluminous walls to create 36 differently sized rooms. Six groups of rooms develop out of that conglomerate, whereby some rooms are used by more than one group. Oval-shaped exterior windows with deep jambs provide views of the different playing and relaxation rooms, while allowing light to enter from the office façade into the inner children's area. There is a small terrace for children on the upper floor on the south-western side.

Projekt/Project: 2010
Ausführung/Construction: 2011
Bauherrschaft/Client:
Novartis Pharma AG
Projektteam / Project team:
Joos & Mathys Architekten
Mitarbeit/Collaboration: Stefan Jin Faust, Stefanie Scherer
Bauleitung / Construction management:
Caretta Weidmann Baumanagement AG
Bauingenieur / Construction engineer:
Walther Mory Maier Bauingenieure AG

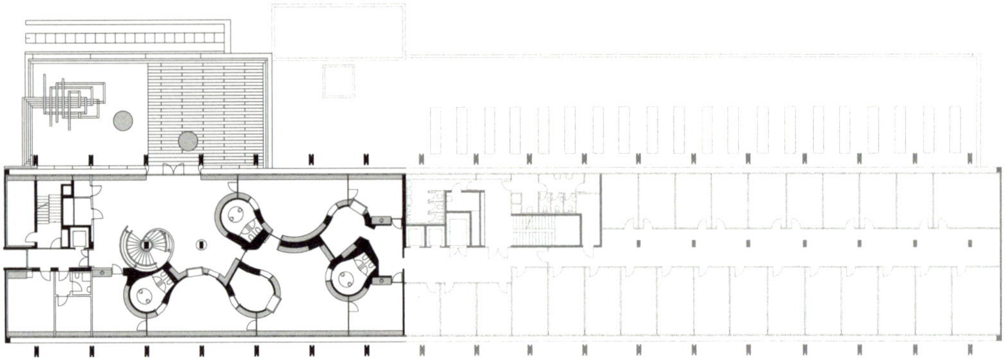

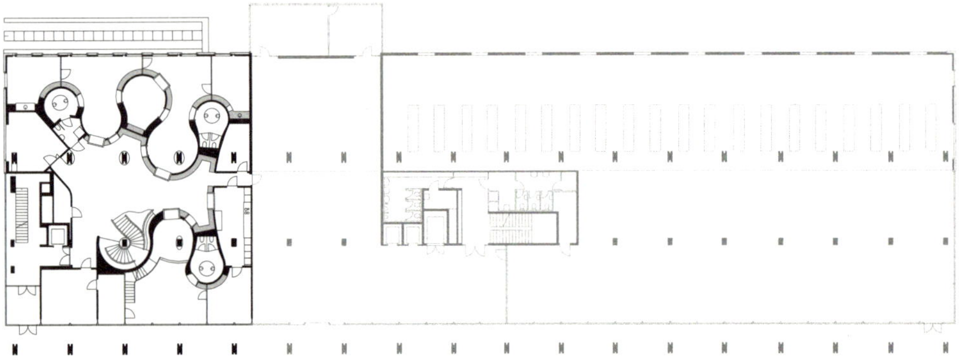

20 m

Wohnhaus Bauherrenstrasse, Zürich-Höngg

Das Wohnhaus in der Bauherrenstrasse stammt aus den 1920er Jahren. Es ist Bestandteil eines gartendenkmalgeschützten Ensembles von kantonaler Bedeutung. Das Haus sollte einer neuen Bebauung weichen. Der Wettbewerbsbeitrag sah vor, nordwestlich im ehemaligen Obstgarten ein Dreifamilienhaus zu situieren und das «Mutterhaus» durch den Einbau einer Parterregartenwohnung und eines östlichen Anbaus zu vergrössern.
Die Eigentümerschaft hat sich entschieden, das Grundstück des Obstgartens zu verkaufen und mit dem Ertrag das bestehende Haus gemäss dem Wettbewerbsvorschlag zu erneuern. Nun umfasst es zwei Normalgeschosswohnungen, eine Dachgeschoss- und eine Hochparterrewohnung.
Der Anbau ist über einem ortbetonierten Sockel als Holztafelbau errichtet. Die Fassade aus Hartfaserdämmung wird durch einen kannelierten Putzauftrag geschützt und die vor Ort gegossene, als Terrazzo geschliffene Betonplatte bildet das Dach. Auf dem Nachbargrundstück haben die neuen Eigentümer ein Einfamilienhaus erstellt.

Residential Development, Bauherrenstrasse, Zurich-Höngg

The apartment building in Bauherrenstrasse was constructed in the 1920s. It is part of a preservation-listed garden ensemble of regional significance. The building was meant to make way for a new development. The competition entry planned the placement of a three-family building in the former orchard to the north-west, while enlarging the "mother building" by adding a ground-floor apartment and an eastern extension.
The owners decided to sell the property of the orchard, using the funds to renovate the existing building in accordance with the competition proposal. Now it comprises two normal single-storey apartments and one mezzanine flat.
The extension is a timber panel construction on an in-situ cast concrete base. The façade consisting of hardboard insulation is protected by cannulated plaster and the in-situ cast, polished terrazzo concrete slab, which forms the roof. The new owners of the neighbouring property have constructed a single-family home there.

Projekt/Project: 2010–2011
Ausführung/Construction: 2011–2012
Bauherrschaft/Client: Karl Ernst Familienstiftung
Projektteam / Project team: Joos & Mathys Architekten
Mitarbeit/Collaboration: Daria Blaschkiewitz, Franco Pajarola, Christoph Widmer
Bauingenieur / Construction engineer: Conzett Bronzini Gartmann AG

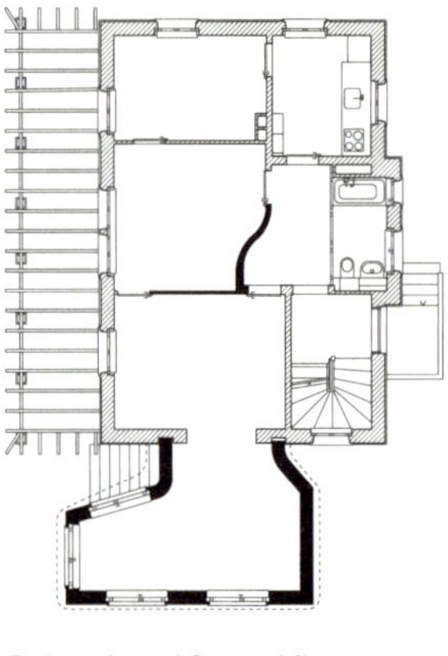

Erdgeschoss / Ground floor

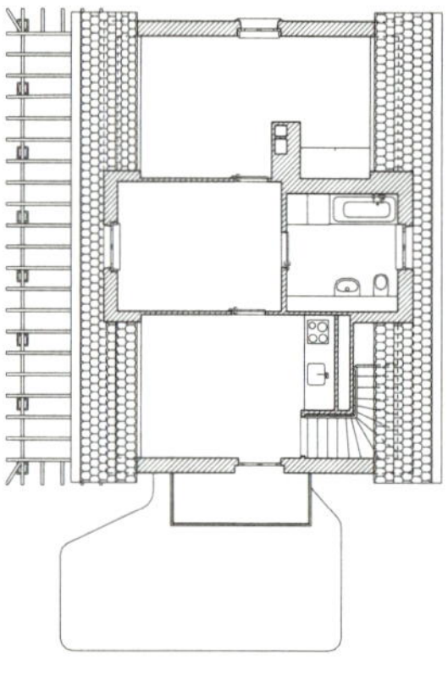

Dachgeschoss / Attic floor

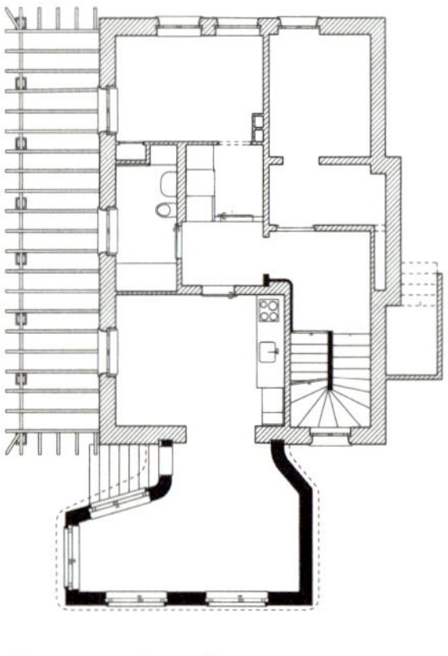

Untergeschoss/Basement

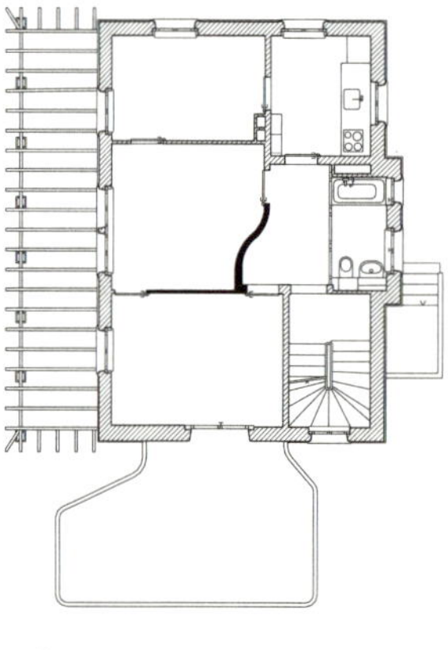

1. Obergeschoss / First floor

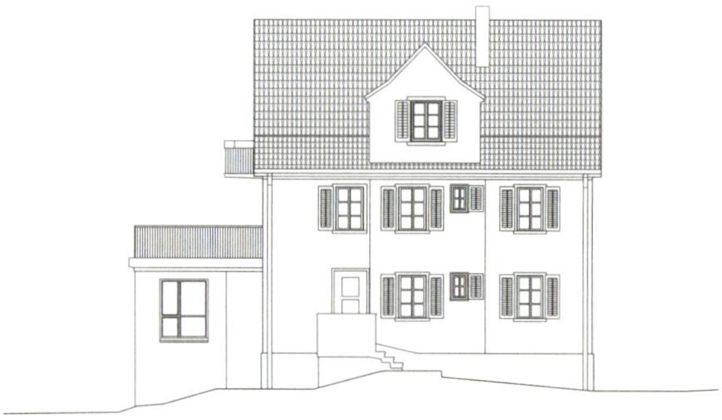

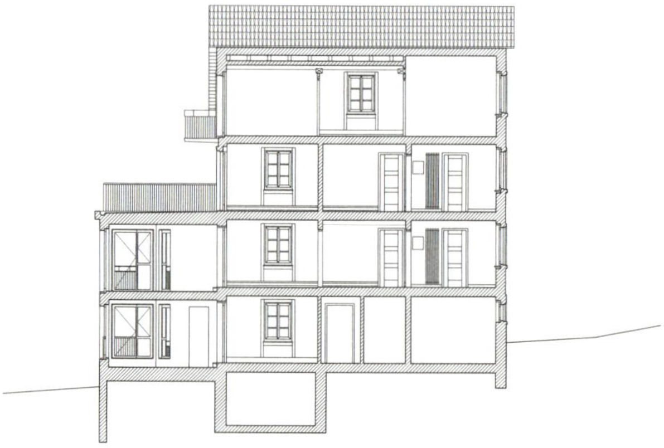

Ringhof Richtiareal, Wallisellen

Auf dem ehemals industriell genutzten und seit 20 Jahren brach liegenden Grundstück zwischen dem Bahnhof Wallisellen und dem Einkaufszentrum Glatt hat die Allreal Generalunternehmung auf der Grundlage des städtebaulichen Entwurfes von Prof. Vittorio M. Lampugnani ein Quartier mit gemischter Nutzung nach den Zielen der 2000-Watt-Gesellschaft realisiert. Das Grundstück hat eine Fläche von 72'000 Quadratmetern. Gesamthaft ist Wohnraum für 1200 Menschen und eine Bürofläche für über 3000 Arbeitsplätze entstanden.

Der Ringhof ist der kleinste Häuserblock im Gefüge des sogenannten Richtiareals und bildet den östlichen Abschluss des städtebaulichen Musters zum Hochtrassee der Glatttalbahn hin. Er beinhaltet alle drei Nutzungen des Areals: Wohnen, Dienstleistung/Büro und Gewerbe/Verkauf.

Im Erdgeschoss befinden sich Ladenflächen, der Glatttalbahn zugewandt sind Büroräume situiert und dreiseitig angeordnet umschliessen Wohnungen verteilt auf sechs Geschosse den begrünten Innenhof.

Die Grundrisse in den oberen Geschossen sind geprägt von zweiseitig orientierten, über die ganze Gebäudetiefe reichenden Wohnräumen. Kleine Eingangsdielen und Vorräume vermitteln zwischen diesen Haupträumen der Wohnung und den Küchen, Bädern und Zimmern. Sieben vornehme Attikawohnungen weisen den Charakter kleiner Reihenhäuser mit grosszügigen Aussenräumen auf und bilden das Dach des Gebäudes.

Ringhof Richtiareal, Wallisellen

Situated between Wallisellen station and the Glatt shopping centre, the former industrial estate that remained unused for 20 years is now the location of a mixed-use quarter developed by the Allreal Group, based on urban planning by Prof. Vittorio M. Lampugnani in accordance with the aims of a 2,000 Watt society. The property has a size of 72,000 m^2, providing housing for 1,200 people and office space for over 3,000 workers.

The Ringhof is a small block of houses in the ensemble of the so-called Richtiareal and forms the eastern perimeter of the urban development towards the elevated tracks of the Glatttalbahn railway. It includes all three uses of the estate: living, service/offices and business/sales.

On the ground floor there are shops, with offices facing the railway. Apartments are distributed on three sides and six storeys, surrounding the green interior courtyard.

The floor plan of the storeys on the upper levels are characterised by double-sided orientation with living rooms that span the entire depth of the building. Small entrance halls and anterooms mediate between the main rooms of the apartments and the kitchens, bathrooms and other rooms. Seven elegant attic apartments have the character of small terraced houses with spacious exterior areas, forming the roof of the building.

Projekt/Project: 2009–2011
Ausführung/Construction: 2011–2014
Bauherrschaft/Client: Allreal Generalunternehmung AG
Projektteam / Project team:
Joos & Mathys Architekten
Mitarbeit/Collaboration: Michèle Bär, Daria Blaschkiewitz, Tom Grahammer, Irene Lo Iacono, Corinne Lehner, Franco Pajarola, Michael Rabe, Christiane Reichel, Stefan Roggo, Bea Maria Roth, Boriana Tomova, Patrick Walser, Christoph Widmer, Gözde Yumusak
Bauingenieur / Construction engineer: wlw Bauingenieure AG

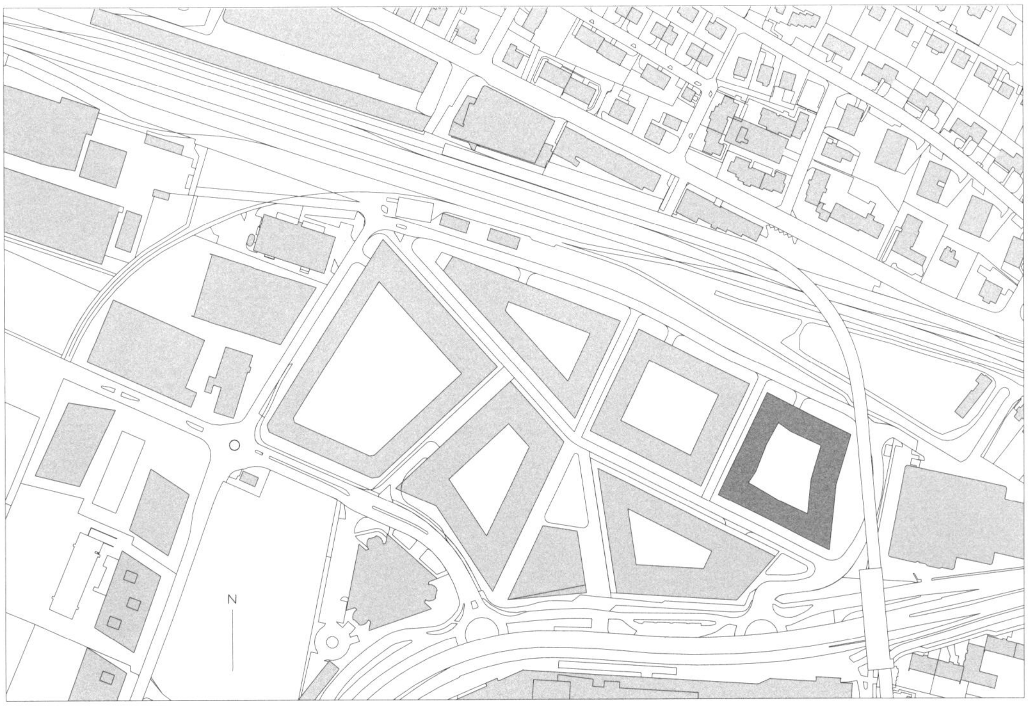

T&N
ZH·167455
T&N
www.t-n.ch
CH

P
FREI

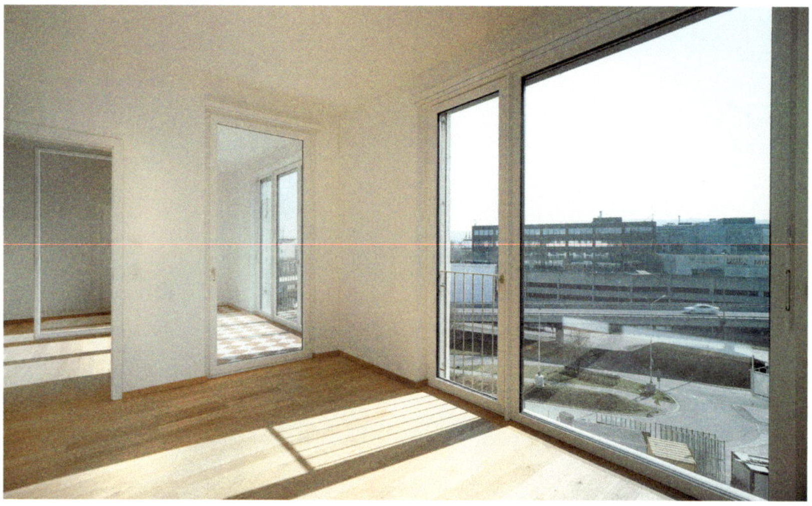

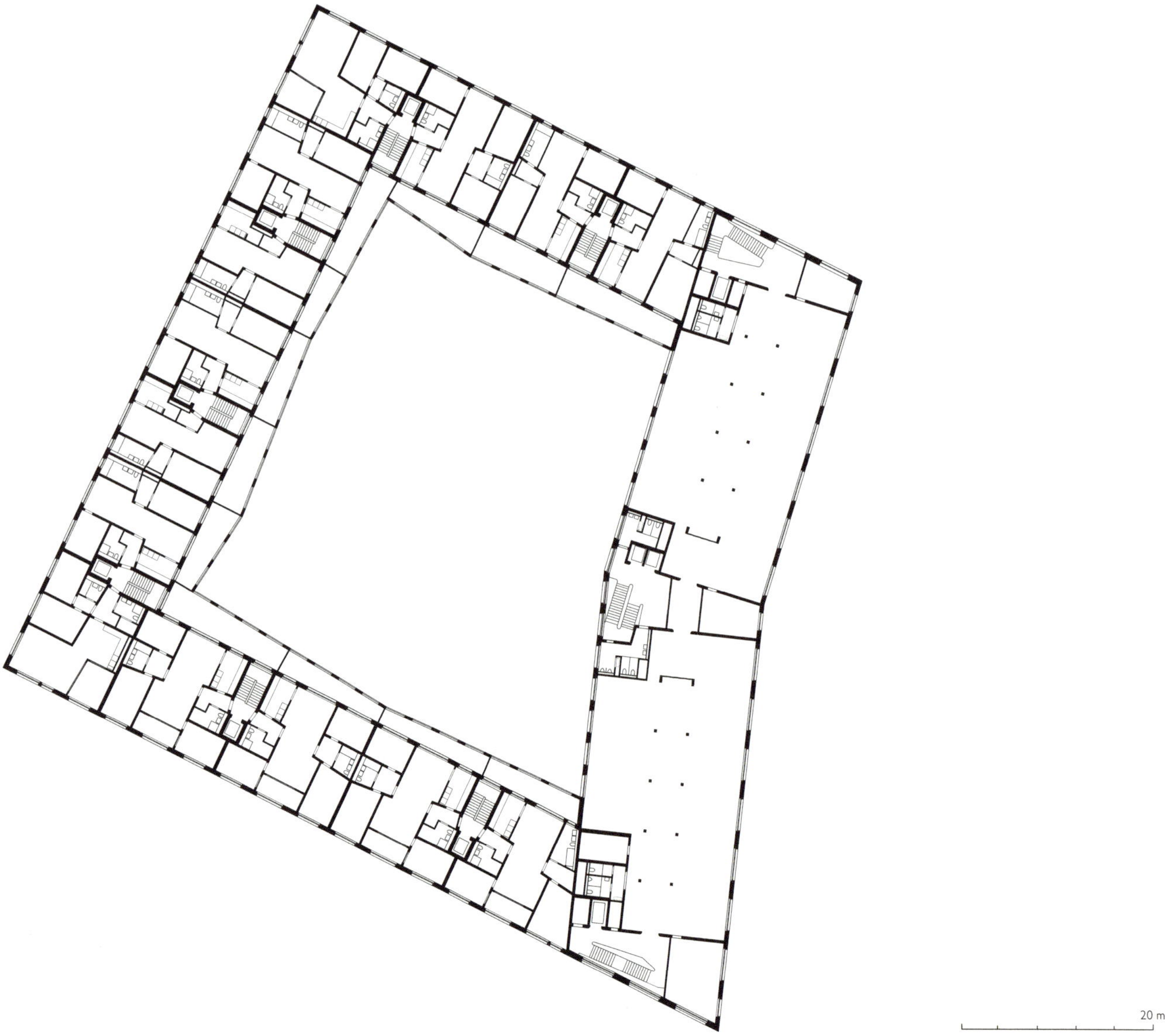
20 m

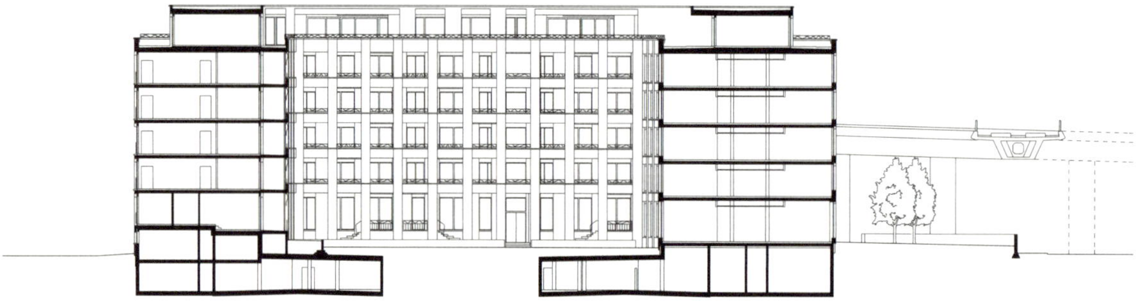

HIGH
FIVE

1

2

3

4

Werkverzeichnis / List of Works

Auswahl Bauten, Projekte und Wettbewerbe / Selection of buildings, projects and competitions

1991		Projekt Umbau Haus Sigrist, Almens
		Projekt 4 Wohnhäuser, Meilen
		Wettbewerb Wohnüberbauung Eichrain, Seebach, Zürich
		Wettbewerb Uhrenfabrik Corum, La Chaux-de-Fonds
1992		Vorprojekt Siedlung Kleeweid, Leimbach, Zürich
		Ideenwettbewerb Parlamentsgebäude, Berlin D
		Wettbewerb Saalbau und Mehrzweckhalle, Sils i. E.
1993		Projekt Dachstockausbau Haus Studach Nicca, Malans
		Ideenwettbewerb Zentrum Bahnhofsareal, Gümlingen; 2. Preis
1994		Umnutzung Textilfabrik Albula, Sils i. D.
		Verandaanbau Haus Joos, Andeer
		Wettbewerb Nuova sede Comunale, Poschavio
		Wettbewerb Steinfabrik Zürichsee AG, Pfäffikon SZ
1995	1	Umbau/Neubau Katholische Kirche, Meilen
		Wettbewerb Primarschule Letten, Oetwil a. L.; 3. Preis
		Wettbewerb Sonderschulheum zur Hoffnung, Riehen
		Wettbewerb Erweiterung Schulanlage, Bonaduz; 4. Preis,
1996		Wettbewerb Gemeindehaus, Untervaz
		Ideenwettbewerb Ortsbauliche Entwicklung, San Bernardino
		Ideenwettbewerb Quartierplan Areal Crusch, Samedan; 2. Preis
		Wettbewerb Erweiterung Schulanlage, Zillis
1997		Umbau/Renovation Haus Küng, Höngg, Zürich
		Kücheneinbau Haus Flum Reemts, Rüschlikon
		Projekt Surfbox in Migrosmarkt, Ebikon
		Ideenwettbewerb Umgestaltung Limmatquai, Zürich
1998		Umbau Haus Gwellessiani Renggli, Küsnacht ZH
		Restauration Kirche Cresta Ferrera, Ausserferrera
		Neubau MFH Schneller-Stücheli, Altstetten, Zürich
		Wettbewerb Bezirksgebäude, Dietikon
		Studienauftrag Gasthaus Alpenrose, Innerferrera
1999		Wettbewerb Polizeigebäude/Werkhof, Buchs; 1. Preis
		Studienauftrag Umbau Pfarrhaus Grossmünster, Zürich; 2. Preis
		Wettbewerb Quartierzentrum Aussersihl, Zürich
2000		Wettbewerb Erweiterung Schulanlage Masans, Chur
	2	Wettbewerb Arosa Sporttheater, Arosa

2001
Ladenbau Dolce & Gabbana, Gemüsebrücke, Trois Pommes, Zürich
Ladenumbau Charles Jourdan, Bahnhofstrasse, Zürich
Forstwerkhof und Feuerwehrgebäude, Andeer (Studienauftrag 1998; 1. Rang)
3 Wettbewerb genossenschaftlicher Wohnungsbau Leimbach, Zürich
Wettbewerb Erweiterung Behindertenheim, Stiftung Scalottas, Scharans; 3. Preis

2002
4 Umbau Mehrfamilienhaus Hasler, Zürich
Eingangsmöbel Schamser Talmuseum, Zillis
Orgelneubau Kirche St. Martin, Meilen
Wettbewerb Schulhaus Rebhügel, Zürich; Ankauf
Wettbewerb Schule und Turnhalle Hardau, Zürich
Wettbewerb Schulanlage Leutschenbach, Zürich; 3. Preis

2003
Orgelneubau Kirche St. Konrad, Zürich
Renovation Kirchgemeindehaus Letzi, Zürich
Wettbewerb Gemeindehaus, Unterengstringen
Ideenwettbewerb Fussgängersteg über die Limmat, Baden/Ennetbaden

2004
Wettbewerb Werkhof Burgergemeinde, Biel
5 Wettbewerb GAZ Ost, Armasuisse, Luzisteig; 1. Preis
Studienauftrag Wohnungsbau Areal Lienihof, BGZ, Zürich
Wettbewerb Werkhöfe von Biel, mit Imhof Nyffeler, Biel; 3. Preis
Wettbewerb Gästehaus Restaurant Edelweiss, Ausserferrera
6 Studienauftrag Wohnungsbau Dorfzentrum, Haldenstein; 2. Preis

2005
Umbau Eingangshalle Forschungsgebäude WSJ 386, Novartis, Basel
Umbau Verwaltung Baugenossenschaft Zurlinden, Albisrieden, BGZ, Zürich
Neubau Schulhaus und Turnhalle, Andeer (Wettbewerb 2002; 1. Preis)
Studienauftrag Wohnungsbau Blumenfeldstrasse, Affoltern, Allreal, Zürich; 2. Preis
Wettbewerb Erweiterung Schulanlage, Boll
Studienauftrag Raststätte Viamala, Thusis; 2. Preis

2006
Umbau Wohnhaus König Pegoraro 1, Küsnacht ZH
Umbau Rathaus Kt. Obwalden (mit Diener & Diener), Sarnen (Studienauftrag 2005; 1. Preis)
Umbau Haus Karrer/Bezzola, Maloja
Wettbewerb Werkhof, Herisau
Ideenwettbewerb Chance Seefeld, Sarnen; 3. Preis

2007
Wettbewerb Kantonalbank Obwalden (mit Seiler Linhart), Sarnen
Wettbewerb Pilatus Areal (mit Fiechter & Salzmann), Kriens
Wettbewerb Feller Besucherzentrum, Horgen
Studienauftrag Neubau Werkhof, Bonaduz/Rhäzüns
Projekt Neubau Schulungszentrum BUSA Homebase, Armasuisse, Herisau
Studienauftrag Sporthalle (mit Schmid Schärer), Sevelen
Wettbewerb Schulanlage (mit Imhof Nyffeler), Zinzikon, Winterthur

2008
7 Lampugnani Building (mit Studio di Architettura Milano), Novartis Campus, Basel
8 Instandsetzung Schulhaus Limmat A B C (mit Imhof Nyffeler), Zürich (Wettbewerb 2007; 1. Preis)
Wettbewerb Erweiterung Schulanlage, Lantsch; 2. Preis
Ideenwettbewerb Kriesiareal (mit Schmid Schärer), Baden; 1. Preis

5

6

7

8

9

10

11

2008

9 Wettbewerb Peninsula (mit Fiechter & Salzmann), Peach Property Group, Wädenswil; 1. Preis
Wettbewerb Erweiterung Schulanlage, Untervaz
Wettbewerb Fussgängersteg, Samedan
Wettbewerb Fussgängerverbindung Chur Halde, Chur
Wettbewerb Ersatzneubau Bürohaus Stampfenbachstrasse 30 (mit Schmid Schärer), Zürich
Wettbewerb Migros Zentrum (mit Burlet und Partner AG), Affoltern a. Albis
Musterplanung für einen aktuellen Typ von Baumgartnerhäuser, Basel

2009

Dachstockumbau Carl Spitteler-Strasse, Witikon
Renovation Haus König Pegoraro 2, Küsnacht ZH
Projekt Umbau Mehrfamilienhäuser, UBS, Wallisellen
Wettbewerb Erweiterung Spital Wattwil (mit Imhof Nyffeler), Wattwil
Wettbewerb Life Sciences Uni Basel (mit Miroslav Šik), Basel
Wettbewerb Kirche und Wohnhaus NAK, Zürich
Wettbewerb Konzertsaal und Kunstmuseum «Les Arts Gstaad», Gstaad

2010

Neubau Strandbad Lido (mit Seiler Linhart), Sarnen (Wettbewerb 2007; 1. Preis)
Wettbewerb Renovation Pestalozzischulhaus (mit Imhof Nyffeler), Aarau
Wettbewerb Erweiterung Alterssiedlung Rigahaus, Chur; 4. Rang
Wettbewerb Neubau Altersheim (mit Schmid Schärer), Mörschwil
Wettbewerb Renovation Werkhof Kanton Zürich (mit Imhof Nyffeler), Glattbrugg

2011

Umnutzung Bürostruktur zu Day Care Center, Novartis Campus, Basel
10 Umbau/Renovation Wohnhaus Hohlstrasse 9, PWG, Zürich (Wettbewerb 2009; 1. Preis)
Wettbewerb Erweiterung Schulanlage (mit Imhof Nyffeler), Meilen; 3. Preis
Wettbewerb Badeanlage Aqua Grischa (mit Seiler Linhart), Savognin
Wettbewerb Erweiterung Schulanlage (mit Seiler Linhart), Hühnenberg
Wettbewerb Wohnenplus, Allreal, Bülach
Wettbewerb Neubau Rathaus (mit Imhof Nyffeler), Merenschwand; 1. Preis
Wettbewerb Primarschulhaus (mit Imhof Nyffeler), Berg
Wettbewerb Erweiterung Schulanlage (mit Imhof Nyffeler), Wändenswil
Wettbewerb Umbau Rathaus Trogen (mit Imhof Nyffeler), Trogen
Wettbewerb Wohnüberbauung Guggach, Unterstrass, Allreal, Zürich
Wettbewerb Umbau historisches Wohnhaus, Regensberg; 2. Preis
Wettbewerb Wohnüberbauung Widenbüel, Unterengstringen
Wettbewerb Neubau Einsatzzentrale Wasserschutzpolizei Mythenquai, Zürich
Wettbewerb Zentrumsüberbauung (mit Seiler Linhart), Vierherrenplatz, Sursee

2012 Umbau Mehrfamilienhaus Bauherrenstrasse, Höngg, Zürich (Wettbewerb 2009; 1. Preis)
11 Umbau Schulhaus Wettingertobel (mit Imhof Nyffeler), Höngg, Zürich (Wettbewerb 2010; 1. Preis)
Wettbewerb Evangelische Kirche (mit Imhof Nyffeler), Überlingen D
Wettbewerb Hallenbad und Turnhalle (mit Architektur Studio Roth), Meiringen; 1. Preis
Wettbewerb Schulhaus und Turnhalle, Mägenwil
Wettbewerb Pflege- und Wohnheim (mit Architektur Studio Roth), Frienisberg; 2. Preis

2013 Studienauftrag Ersatzneubau Rudolf Steiner Schule, Zürich
Wettbewerb Kantonale Verwaltung «Projekt Focus» (mit Miroslav Šik), Zug
Wettbewerb Wohnungsbau Winkel, Horw
12 Wettbewerb Zollstrasse (mit Baukontor und Sergison Bates Architects), Zürich; 3. Preis
Wettbewerb Wohnungsbau Graphis, Aarau
Wettbewerb Schulanlage Schauenberg, Zürich
Wettbewerb Sammlungszentrum Landesmuseum, Affoltern a. Albis
Wettbewerb Altersheim (mit Architektur Studio Roth), Hünibach; 3. Preis

2014 13 Umbau/Renovation Helferei mit Grossmünsterkapelle, Zürich (Wettbewerb 2009; 1. Preis)
Neubau Wohn- und Geschäftshaus Richti Areal, Baufeld V, Allreal I, Wallisellen
Umbau/Renovation Wohnhaus Stoy, Winterthur
Umbau Eigentumswohnung Familie Huggenberger, Erlenbach
Studienauftrag Umgestaltung Eingangsbereich Grossmünster, Zürich
Wettbewerb Neubau Schulanlage, Klosters

2015 Umbau Schloss Grüningen, Grüningen
Alters- und Pflegeheim Neugut (mit Schmid Schärer), Landquart (Wettbewerb 2009; 1. Preis)

Laufende Projekte

14 Neubau Wohnüberbauung Kreuzgasse, Chur (Wettbewerb 2011; 1. Preis)
15 Neubau Haus der Demenz (mit Schmid Schärer), Bombach, Zürich (Wettbewerb 2012; 1. Preis)
Neubau Kirchgemeindesaal (mit Daniel Nyffeler), Rüti (Wettbewerb 2014; 1. Preis)
Neubau Haus Nieth Schläfli (mit atelier zürich), Buchenegg, Stallikon
Wohnungsbau «Alte Mühle Laubsägelihus», Aarburg (Wettbewerb 2014; 1. Preis)
Neubau Wohn- und Geschäftshäuser (mit Burlet und Partner AG), Affoltern a. Albis

12

13

14

15

Peter Joos

1960	geboren in Thusis
1989	Diplom bei Fabio Reinhart und Miroslav Šik, ETH Zürich
1991	Gründung eigenes Architekturbüro mit Christoph Mathys in Zürich
1994	Gründung Zweigbüro in Andeer

1960	Born in Thusis
1989	Graduated under Fabio Reinhart and Miroslav Šik, ETH Zurich
1991	Founded own architectural office with Christoph Mathys in Zurich
1994	Founded office branch in Andeer

Christoph Mathys

1961	geboren in Zürich
1987	Diplom bei Fabio Reinhart und Miroslav Šik, ETH Zürich
1987–1991	Mitarbeit im Architekturbüro Rudolf Mathys, Zürich
1989	Zusammenarbeit mit den Architekten Paola Maranta und Quintus Miller, Zürich
1991	Gründung eigenes Architekturbüro mit Peter Joos in Zürich
1994	Gründung Zweigbüro in Andeer
1998–1999	Assistent bei Prof. Miroslav Šik, EPF Lausanne
1999–2010	Assistent bei Prof. Miroslav Šik, ETH Zürich
seit 2011	Lehrauftrag an der Hochschule Luzern

1961	Born in Zurich
1987	Graduated under Fabio Reinhart and Miroslav Šik, ETH Zurich
1987–1991	Employment at the architectural office of Rudolf Mathys, Zurich
1989	Collaboration with the architects Paola Maranta and Quintus Miller, Zurich
1991	Founded own architectural office with Peter Joos in Zurich
1994	Founded office branch in Andeer
1998–1999	Assistant to Prof. Miroslav Šik, EPF Lausanne
1999–2010	Assistant to Prof. Miroslav Šik, ETH Zurich
since 2011	Lecturer at the Lucerne University of Applied Sciences and Arts

Mitarbeitende/Collaborators

Aktuell/Current

Michèle Bär, Daria Blaschkiewitz, Dario Colledani, Stephan Jin Faust, Cihan Kuyucu, Nicolas Mentha, Friederike Preschany, Michael Rabe, Christiane Reichel, Stefan Roggo, Allegra Stucki, Beatrice Zürcher

Ehemalige Mitarbeitende / Former Collaborators

Daniel Abraha, Jonathan Bopp, Michael Buss, Peter Chrysta, Akin Ciftci, Tugba Demiral, Dario Egli, Caroline Fiechter, Fabrizio Giovannini, Tom Grahammer, Archie Hänny, Kristin Hufschmid, Irene Lo Iacono, Isabel Jüngling, Susann Kintat, Madeleine Lambert, Corinne Lehner, Stephan Liebscher, Stefan Moser, Ralph Alan Mueler, Daniel Nyffeler, Franco Pajarola, Bea Maria Roth, René Salzmann, Joachim Schaer, Roger Schärer, Stefanie Scherer, Marco Serra, Claudio Tam, Boriana Tomova, Milena Vuletić, Patrick Walser, Christoph Widmer, Gözde Yumusak, Katrin Zech

Lukas Imhof
(Textbeitrag/Article)

1974	geboren in Baden
2001	Architekturdiplom ETH Zürich
2001–2003	Mitarbeit im Architekturbüro Miroslav Šik, Zürich
Seit 2004	Eigenes Architekturbüro in Zürich: Lukas Imhof Architekten (bis 2013: Imhof Nyffeler Architekten).
2003–2011	Forschungsassistent ETH Zürich, Professur Miroslav Šik
Seit 2010	Verschiedene Publikationen in Fachzeitschriften
2013	Publikation Midcomfort – Architektur mit Mass und Ziel, Wien 2013
Seit 2014	Lehrbeauftragter für Architektur und Tektonik an der HSLU, Luzern

Alberto Dell'Antonio (Textbeitrag/Article)		
	1962	geboren in Triest
	2000–2008	Mitarbeit bei Galli & Rudolf, Zürich und Bakker & Blanc, Lausanne
	1988	Architekturdiplom ETH Zürich, bei Prof. Fabio Reinhart
	1988–1989	Mitarbeit im Architekturbüro Reichlin und Reinhart, Lugano
	1989–1992	Assistent bei Dozent Ivo Trümpy, ETH Zürich
	1992–1998	Assistent am Institut für Hochbautechnik, ETH Zürich
	1994–1996	Assistent bei Prof. Inès Lamunière, EPF Lausanne
	Seit 1990	eigenes Architekturbüro in Zürich
		Gastkritiken und Vorträge an verschiedenen Hochschulen
	Seit 1996	Publikationen in Architekturfachzeitschriften und Monografien
	2003–2008	Dozent für Entwurf und Konstruktion, Hochschule Liechtenstein
	Seit 2009	Dozent am Institut Konstruktives Entwerfen, ZHAW Winterthur

Bibliografie/Bibliography		
	1996	Gian Andrea Reinalter: Sanierung Kirche in Cresta Ferrera. In: Schweizer Fernsehen DRS, Telesquard, Chur
	1999	Barbara Thalmann Stammbach, Marlene Bieri-Hürzeler: Katholische Kirche St. Martin, Meilen. In: Architekturführer Zürich Ost. Ausgewählte Bauten des 20. Jahrhunderts, Verlag Niggli AG, Sulgen, 1999. S. 88/89
		Zur Restaurierung der evangelischen Filialkirche in Ausserferrera Cresta GR. Jahresbericht des Archäologischen Bundes und der Denkmalpflege Graubünden
	2001	Frostwerkhof und Feuerwehrgebäude Andeer. In: Werk, Bauen + Wohnen Nr. 7/8 (Beilage Werk-Material), Zürich
	2002	Arthur Rüegg, Reto Gadola, Donatus Lauener: Holzbau Fassaden. Konstruktion und architektonischer Ausdruck. Professur für Architektur und Konstruktion ETH Zürich, Arthur Rüegg
	2004	Forstwerkhof und Feuerwehrgebäude Andeer. In: Bauwelt 32, Berlin
		Lensi a hasicka stanice v Andeer. In: era21 2, Prag
	2005	Umbau und Sanierung Rathaus Sarnen, Hochparterre Wettbewerbe Nr. 4, Zürich
		Napříč švýcarskou architekturou. Joos & Mathys Architekten. In: Kruh Texty o architektuře 03, Prag
	2006	Rathaus des Standes Obwalden, Tec21 Nr. 12, Zürich
		Architekturführer Bauen in Graubünden, Schulhaus und Turnhalle Andeer. In: Verlag Hochparterre und Bündner Heimatschutz
		Jürg Ragettli: Klassisch dörflich. Schulhauserweiterung und Turnhallenneubau in Andeer. In: Bünder Monatsblatt Nr. 2. S. 190–198
	2007	Werner Huber: Noblesse in «der Landlüten Hus». In: Hochparterre Nr. 10, Zürich
	2009	Lukas Imhof: Magazin zur Wohnarchitektur. In: Midcomfort Nr. 4, Professur Miroslav Šik, ETH, Zürich
	2010	Lukas Imhof: Magazin zur Wohnarchitektur. In: Midcomfort Nr. 5, Professur Miroslav Šik, ETH, Zürich
	2011	Michel Carlana, Luca Mezzalira: Jürg Conzett, Gianfranco Bronzini, Patrick Gartmann Residenze Peninsula Wädenswil. In: Electa Architettura, Milano. S. 130–133
		Tibor Joanelly: Aus aller Zeit. Lido Sarnen. In: Werk, Bauen + Wohnen Nr. 7–8 (Beilage Werk-Material), Zürich
		Lukas Imhof: Magazin zur Wohnarchitektur. In: Midcomfort Nr. 6, Professur Miroslav Šik, ETH, Zürich
		Axel Simon: Bad an Bord. Lido Sarnen. In: Hochparterre Nr. 6–7, Zürich
	2012	Lukas Imhof: Geschützte Exponiertheit – Private Aussenräume in der Stadt. In: Werk, Bauen + Wohnen Nr. 5, Zürich
	2013	Lukas Imhof: Wohnkomfort und Architektur der Mitte. In. Midcomfort, Professur Miroslav Šik, ETH, Wien
	2014	Marko Sauer: Stadtreparatur im Klostergarten. In: Tec21 Nr. 47, Zürich
		Andres Herzog: Richtig Städtisch. Das Richti-Areal in Wallisellen ist eine Insel in der Aglo. In: Hochparterre Nr. 1–2, Zürich
	2015	Axel Simon: Der Grossmutter gefallen. In: Hochparterre Nr. 4, Zürich

Finanzielle und ideelle Unterstützung
Financial and conceptual support

Ein besonderer Dank gilt den Institutionen und Sponsorfirmen, deren finanzielle Unterstützungen wesentlich zum Entstehen dieser Buchreihe beitragen.
Ihr kulturelles Engagement ermöglicht ein fruchtbares und freundschaftliches Zusammenwirken von Baukultur und Bauwirtschaft.
Special thanks to our sponsors and institutions whose financial support has helped us so much with the production of this series of books. Their cultural commitment is a valuable contribution to fruitful and cordial collaboration between the culture and economics of architecture.

KULTURFÖRDERUNG KANTON GRAUBÜNDEN

sarnen

prohelvetia

Abitare M. Hürlimann AG, Chur

Balzer Ingenieure AG, Chur

Bricosol AG, Zürich
Einsteinmauerwerk

Creatop AG, Innenausbau,
Türsysteme, Uznach

Halter & Colledani, Sarnen
Gipserarbeiten

Dorn AG Gebäudehüllen, Chur

Glas Trösch AG, Bützberg

gutknecht elektroplanung ag, Au ZH

Klaus Baumberger AG, Zürich

Luzi Bau AG, Zillis

Luzi Gerüste AG, Cazis

Pilet und Partner, Zumikon

Schmid Fenster Manufaktur, Teufen

WMM Ingenieure AG, Münchenstein

Zumtobel Licht AG, Zürich

Zurbuchen Büromöbel, Amlikon

Quart Verlag Luzern / Quart Publishers Lucerne

De aedibus – Zeitgenössische Architekten und ihre Bauten / Contemporary architects and their buildings

57 Joos & Mathys (de/en)
56 Lacroix Chessex (de/en)
55 Savioz Fabrizzi (de/en und de/fr)
54 Boegli Kramp (de/en)
53 Zita Cotti (de/en)
52 Oestreich + Schmid (de/en)
51 Stump & Schibli Architekten (de/en)
50 Luca Gazzaniga (de/en)
49 Guignard & Saner (de/en)
48 Morger + Dettli (de/en)
47 Charles Pictet (de/en)
46 Armando Ruinelli + Partner (de/en/it)
45 Luca Selva Architekten (de/en)
44 Luca Deon (de/en)
43 2b (de/en)
42 Durisch + Nolli (de/en)
41 sabarchitekten (de/en)
40 Beat Rothen (de/en)
39 Atelier Bonnet (de/en)
38 Novaron (de/en)
37 Althammer Hochuli (de/en)
36 Schneider & Schneider (de/en)
35 Frei & Ehrensperger (de und en)
34 Liechti Graf Zumsteg (de/en)
33 Adrian Streich (de/en)
32 Daniele Marques (de/en)
31 Neff Neumann (de/en)
30 Giraudi Wettstein (de/en)
29 Steinmann & Schmid (de/en)
28 Matthias Ackermann (de/en)
27 Aeby & Perneger (de/en)
26 Bakker & Blanc (de/en)
25 Markus Wespi Jérôme de Meuron (de/en)
24 Bauart (de/en und de/fr)
23 Knapkiewicz & Fickert (de/en)
22 Marcel Ferrier (de/en)
21 Wild Bär Architekten (de/en)
20 Enzmann + Fischer (de/en)
19 Mierta und Kurt Lazzarini (de/en)
18 Rolf Mühlethaler (de/en)
17 Pablo Horváth (de/en)
16 Brauen + Wälchli (de/en)
15 E2A Eckert Eckert Architekten (de/en)
14 Lussi + Halter (de/en)
13 Philipp Brühwiler (de/en)
12 Scheitlin – Syfrig + Partner (de/en)
11 Vittorio Magnago Lampugnani (de/en)
10 Bonnard Woeffray (de/en und de/fr)
9 Graber Pulver (de/en)
8 Burkhalter Sumi / Makiol Wiederkehr (de/en)
7 Gigon/Guyer (de und en)
6 Andrea Bassi (de, fr und en)
5 Dieter Jüngling und Andreas Hagmann (de und en)
4 Beat Consoni (de und en)
3 Max Bosshard & Christoph Luchsinger (de)
2 Miroslav Šik (de, en und it)
1 Valentin Bearth & Andrea Deplazes (de, en und it)

Quart Verlag GmbH, Heinz Wirz; Verlag für Architektur und Kunst
Denkmalstrasse 2, CH-6006 Luzern; books@quart.ch, www.quart.ch